POLÍTICA
Y
CORRUPCIÓN

MACEDONIO TAMEZ

UNA MIRADA AL EJERCICIO DEL PODER EN MÉXICO

POLÍTICA Y CORRUPCIÓN

temas 'de hoy.

Diseño de portada: Estudio la fe ciega / Domingo Martínez
Ilustración de portada: © Shutterstock / Graphic Compressor
Fotografía de autor: Archivo personal de Macedonio Tamez

© 2016, Macedonio Tamez

Derechos reservados

© 2016, Editorial Planeta Mexicana, S.A. de C.V.
Bajo el sello editorial TEMAS DE HOY M.R.
Avenida Presidente Masarik núm. 111, Piso 2
Colonia Polanco V Sección
Deleg. Miguel Hidalgo
C.P. 11560, Ciudad de México
www.planetadelibros.com.mx

Primera edición: abril de 2016
ISBN: 978-607-07-3391-8

Impreso en los talleres de Litográfica Ingramex, S.A. de C.V.
Centeno núm. 162-1, colonia Granjas Esmeralda, Ciudad de México
Impreso y hecho en México - *Printed and made in Mexico*

Para TERE,
mi oasis de paz

¡Amargo es el saber que se adquiere en un viaje!
El mundo de hoy en día, monótono y pequeño,
de ayer, mañana y siempre, repite nuestra imagen:
¡un oasis de horror en desiertos de tedio!

—"El viaje", CHARLES BAUDELAIRE

Índice

Introducción

El origen de estas memorias

—¿**Y** TÚ A QUÉ TE DEDICAS? —me preguntó un joven que estaba sentado a mi derecha en la mesa del restaurante donde coincidíamos en una cena oficial. Era un tipo relajado, agradable, desenvuelto, con ganas de platicar.

—Soy el jefe de la policía —dije, orgulloso de poder dar esa respuesta y sintiendo al mismo tiempo ese morboso placer de sorprender a un interlocutor con una contestación no esperada.

—¡Cómo! —exclamó mi vecino sorprendido, tal como me imaginaba que sucedería, abriendo mucho los ojos—. Si tú no pareces policía... Es más —agregó—: parecerías cualquier cosa menos un policía... —y se rió. En efecto, mi aspecto de profesionista apacible, el hecho de usar saco y corbata y mi forma de hablar no son precisamente lo que caracteriza a la mayoría de los jefes de policía que hay en este país.

Disfrutando de la sorpresa causada, narré a mi interlocutor las curiosas circunstancias de mi incorporación a la policía de Guadalajara como director general y lo que había estado haciendo al frente de esa corporación durante los últimos dos años y medio. Le platiqué de mis adversidades y tribulaciones, de los éxitos alcanzados y las esperanzas, y algunas de las aventuras necesariamente vividas. Esa conversación es el origen remoto de este libro. Mi interlocutor resultó ser Fernando Lebrija, un joven director de cine tapatío, autor de la película *Amar a morir*, entre otras. A partir de entonces nos hicimos buenos amigos y hemos mantenido la comunicación. Me dijo aquel día, al conocer cuál era mi trabajo, que mi historia y yo seríamos muy interesantes como tema de una película o una serie de televisión, ya que estaban de moda los personajes con doble personalidad, con vidas paralelas contradictorias, provocadores de emociones inesperadas en públicos deseosos de ver en la pantalla cosas asombrosas y sorprendentes.

Estábamos en una cena celebrada con motivo de la Feria Municipal del Libro, organizada por la Dirección de Cultura del Ayuntamiento de Guadalajara. Como esta dependencia tenía poco presupuesto y escaso personal disponible —estaba llena de aviadores—, su director, Eugenio Arriaga, me pidió apoyo logístico para realizarla. Esto era posible porque la Dirección de Seguridad Pública, de la que yo era el titular, tenía más recursos y personal que la de Cultura, de modo que hice la piadosa trampa de apoyarlo, sin perder de vista que la promoción de la cultura incide de forma importante en una mayor seguridad para los ciudadanos. Este apoyo era particularmente necesario en aquel año de 2009, porque Eugenio había invitado a reconocidos autores mexicanos a participar en ella, entre los que estaban Élmer Mendoza, Jorge Volpi, Martín Solares y Guillermo Fadanelli. De hecho, me tocó presentar el libro *Balas de plata,* de Élmer Mendoza, en un escenario montado en el *ring* de la Arena Coliseo de lucha libre que está por el rumbo de Analco, en lo que fue una curiosa y novedosa interlocución entre el mejor novelista del narco y un jefe de la policía.

Más tarde Fernando Lebrija me pidió que le escribiera un guión basado en mi experiencia para eventualmente utilizarlo en alguna película, y así lo hice. A los pocos días le estaba enviando por correo electrónico una historia de unas treinta páginas en la que plasmaba mis vivencias y conocimientos, pero también mis fantasías, mis miedos y mis ilusiones. Contaba yo allí no sólo lo que estaba viviendo y sintiendo, sino también lo que imaginaba que sucedía o podía suceder. De alguna manera, a través de una serie de fantasías compensatorias entrelazadas con hechos reales, a esas alturas de mi gestión tenía ya en la cabeza una serie de argumentos que me permitieron redactar en poco tiempo una historia, esa historia que ahora enviaba —atisbando una nueva aventura intelectual— a mi nuevo amigo.

Al escribir dicha narración sentí una gran paz interior. La posibilidad de desahogar muchas de esas cosas, que poco a poco van acumulándose en la conciencia y el subconsciente cuando uno se dedica a una actividad tan surrealista como la policiaca, fue algo verdaderamente catártico para mí. Ser jefe de la policía de una ciudad enorme como Guadalajara, tener bajo mi mando alrededor de tres mil cuatrocientos elementos y enfrentarme todos los días a inenarrables desafíos, presiones, miedos y sorpresas tenía que desahogarse por algún lado. Aquella breve historia que redacté fue mi oportunidad.

La película no se ha filmado aún, pero sigo en contacto con Fernando y no perdemos la esperanza de que algún día se realice. Lo que sí resultó de esa conversación fue una novela que en forma preliminar titulé *Lealtades*. Con el correr de los años le he ido quitando y poniendo, la he ido corrigiendo y editando, de tal manera que ya está terminada; sin duda me ha servido como una extraordinaria y utilísima catarsis para todo lo que he vivido, sentido, sufrido, soñado y gozado desde entonces. En este sentido, la creación de mi primera novela cumplió ya, con amplitud, su cometido.

Años después trabajé durante un tiempo en el Centro de Investigación y Seguridad Nacional (CISEN), el órgano que provee al gobierno federal de servicios de inteligencia, con todo lo que eso significa. Fue esta una experiencia que dejó pequeño el surrealismo que viví en la policía tapatía. Allí conocí lo absurdo, contradictorio, injusto y miserable que es nuestro México, pero también supe del esfuerzo que millones de mexicanos hacemos todos los días por sobrevivir y coexistir, rodeados de violencia y corrupción, en este curioso país donde nos tocó vivir. Conocí las entrañas de México y me asomé a sus cloacas y chiqueros. A partir de entonces ya no veo igual nuestra realidad; leo los periódicos entre líneas tratando de adivinar lo que hay detrás de las notas formales. Sostengo una lucha interna todos los días entre la esperanza y la desesperanza, nutriendo una u otra según la circunstancia de mi transitar cotidiano. Hice una segunda novela sobre esa experiencia, la cual también, junto con algunos antidepresivos y ansiolíticos, me sirvió de desahogo.

Las presiones a las que estamos sometidos quienes nos dedicamos a la política, la administración pública, y en particular a la seguridad pública o la seguridad nacional, son algo fuera de lo normal. Se viven cosas inimaginables. Muchos son unos neuróticos. Abundan la bipolaridad y las adicciones. He visto cómo se destruyen vidas y familias ante la incapacidad de manejar adecuadamente semejante carga laboral y emotiva, y el peso de un poder que se acumula y muchas veces no se sabe cómo utilizar. Es común recurrir al alcohol y las drogas. También se ven con frecuencia desenfrenos sexuales de todo tipo y abusos de autoridad —injusticias y crueldades inenarrables— que afectan a muchos ciudadanos; en el ambiente de la policía a estos excesos se les llama eufemísticamente el "descanso del guerrero". Ira, soberbia y codicia son formas de conducirse bastante comunes en la policía. Mi desahogo fue tomar la pluma —y luego la computadora— y escribir. Descubrí que narrar en forma de ficción mis experiencias me daba descanso y esparcimiento y a la vez me permitía dejar en forma de novela un testimonio para la posteridad. No era posible, pensaba yo, que muchas de las cosas que suceden quedaran sin saberse. Así que recurrí a "la verdad de las mentiras", como diría Vargas Llosa, para dar a conocer, a través de personajes y situaciones inventados, lo que estaba pasando en el país en materia de seguridad.

Terminadas las dos novelas las presenté, cual bisoño escritor, a Editorial Planeta. Allí las leyeron con interés y diligencia. Me comentaron que les habían gustado; sin embargo, para mi sorpresa, me dijeron que estaban más interesados en publicar mis memorias que mis novelas, que probablemente habría un lugar para ellas más adelante. La realidad es que descubrieron en las dos obras de ficción tal carga autobiográfica —más de la que usualmente se encuentra— que consideraron más interesante trabajar en unas memorias y publicarlas. El tema pasó entonces del editor de ficción al editor de no ficción. Con este hecho pude constatar una vez más que en este México nuestro la realidad supera a la más disparatada de las ficciones.

Es, pues, este libro un testimonio sobre lo que viví, conocí, imaginé y sentí durante los muchos años en que formé parte de los cuerpos de seguridad mexicanos. Es la visión de un ciudadano común y corriente de origen norteño, médico de profesión y eventual maestro universitario, a quien su vocación y activismo en la política llevaron a tan inesperados escenarios. Estoy convencido de que la experiencia que tuve como jefe de la policía de Guadalajara, aunque local, se repite en todas las ciudades del país y, por tanto, de su lectura se puede comprender lo que está pasando en todos lados. Al reunirme con jefes policiacos de otras ciudades y repasar juntos nuestras desventuras me daba cuenta de que en todos los rincones de México se padece lo mismo. La vivencia en el CISEN es amplísima, comprehensiva como pocas. Estuve casi dos años en el lugar donde se concentra toda la información sobre lo que ocurre en México y en el cual se toman muchas decisiones importantes que inciden en la vida del país. Tengo por ello la esperanza de que con la lectura de esta obra más mexicanos entiendan lo que está pasando y contribuyan en forma propositiva a esa cadena de soluciones que entre todos tenemos que forjar.

El título *Política y corrupcion* lo acordamos entre la editorial y yo. Es un título que, sugerido por los expertos en libros, encuentro muy adecuado para una obra que no es de ficción y, por tanto, expone realidades. Originalmente estas memorias iban a llevar el poético nombre de "Oasis de horror", el cual, aunque decidimos no utilizar por insinuar que se trataría de una obra de ficción, sigue subyacente en el ánimo de esta obra. ¿Por qué se iba a llamar así? Resulta que hace muchos años hice propia la frase "el peor de los demonios del hombre es el aburrimiento", de Charles Baudelaire, *le poète maudit*. Efectivamente, algunos de los periodos más oscuros de mi vida, algunas de mis depresiones más profundas, han sido consecuencia del tedio, el aburrimiento, de no tener muy claro el sentido de la existencia misma. En otras palabras, de mis crisis existenciales. Lo digo sin ambages porque bien sé como médico que esta es una condición muy frecuente, sobre todo después de los cincuenta años y más aún en esta época de contradicciones. Dice Arturo Bolaño, parafraseando a Baudelaire, que el tedio es, precisamente, la enfermedad del hombre moderno, un padecimiento del cual busca desesperadamente salir. Y cuando lo logra, se encuentra con el horror del mal, tal como me sucedió a mí. Por eso recurre a esa frase del poema: "¡Un oasis de horror en desiertos de tedio!" Yo busqué y encontré esos oasis que fueron de horror, sí, pero no me aburrí ni un momento. Me deprimí algunas temporadas pero no por tedio, sino por circunstancias externas que aquí quedarán anotadas. No es lo mismo.

A lo largo de estas líneas contaré las circunstancias de mi incorporación a dos diferentes servicios de seguridad, uno municipal y otro nacional, y las experiencias y sentimientos que en ellos tuve. Sin duda la motivación más fuerte para aceptar incorporarme a ellos y asumir grandes responsabilidades fue el deseo que he sentido desde muy joven de servir a este país y contribuir a que no esté tan mal. Por eso desde los quince años he participado y sigo participando activamente en política. De hecho, fue esa, sin faltar a la verdad, la versión oficial de mi aceptación a esos cargos tan peculiares. Reconozco ahora, en la intimidad que necesariamente debe ventilarse en unas memorias, cuando se quiere que sean confiables y aporten algo al conocimiento universal, que también estuvo presente la otra motivación, la profunda, la íntima, la que hasta ahora no sabe casi nadie, la de querer combatir el tedio que se apodera de uno al rebasar los cincuenta años con nuevas aventuras y desafíos. La necesidad que tiene uno de sentirse útil. La necesidad que todos tenemos —con excepción de los mediocres— de reinventarnos varias veces a lo largo de esta vida. Se vale. ¡Y vaya que lo logré! Lo que nunca preví es que, para escaparme de ese desierto de tedio del que habla el poeta, fui a dar a este oasis de horror en que se ha convertido México.

1

Mi nombramiento en la policía de Guadalajara

—¿Y DE DÓNDE vas a sacar esa joyita? —le pregunté a Poncho después de que aceptó la idoneidad del perfil de jefe de policía que le acababa de proponer para la ciudad de Guadalajara.

—Pues eres tú… —me contestó.

Abrí los ojos por la sorpresa y jugué nerviosamente, o emocionadamente, con la servilleta que tenía en mis manos. En mi mente se desató una tormenta de ideas, imágenes, escenas y fantasías —y miedos, debo decirlo—. A pesar de que en ese momento no respondí a la invitación que me estaba haciendo (lo haría varios días después), de alguna manera percibía ya que ese era mi destino y que la conversación de esa mañana habría de cambiar mi vida y la de muchos más. Fue el 26 de octubre de 2006, un jueves.

El doctor Alfonso Petersen Farah, amigo de muchos años y colega médico también, era presidente municipal electo de Guadalajara y tomaría posesión de su cargo el siguiente 1 de enero de 2007. Yo no había participado para nada en su campaña ni en ninguna de las que ese año se llevaron a cabo en Jalisco, pues me encontraba alejado del que había sido mi partido durante muchos años, el Partido Acción Nacional (PAN); estaba pasando por una etapa de decepción y escepticismo por las que todo aquel que entra en el contradictorio mundo de la política transita más de una vez en su vida. Un año antes había hecho campaña como precandidato a gobernador del estado y fui vencido en la elección interna por aquellos que piensan y actúan diametralmente distinto de la convicción que tengo yo de lo que deben ser la política y la administración pública. Así que por esa época estaba —como dicen los muchachos— *agüitado* y me dedicaba exclusivamente a atender mi consultorio.

Aun así acepté la invitación de Alfonso para conversar esa mañana durante un desayuno en el Vips de la Glorieta Colón. Accedí con gusto, no sólo porque hemos sido amigos durante muchos años, sino también porque el recién electo presidente y yo tenemos un pensamiento político muy parecido. Días antes me había invitado a reunirnos con el lógico argumento de que quería pedirme algunas opiniones por haber sido yo años atrás presidente municipal de Zapopan,

Jalisco, municipio conurbado de la zona metropolitana de Guadalajara donde viven más de un millón trescientos mil habitantes. Esa mañana empezamos a platicar tímidamente sobre lo que descubriría después era el motivo principal de la reunión; hablamos de los regidores y los presupuestos, del partido y los nombramientos y de muchas otras cosas.

En cuanto al tema de seguridad pública, que ya para entonces estaba tomando una enorme importancia en el país, yo sabía bien que Alfonso tenía la sana intención y la elevada visión de dejar esta tarea clave en manos de un civil con criterios más amplios que los de un policía reciclado o un militar venido a menos, como habitualmente sucede en nuestros municipios y estados. Casi todos estos individuos tienen deformaciones de origen, comparten un concepto primitivo y represivo de la seguridad y tienden a ser muy corruptos. A menudo establecen compromisos con gente del lado oscuro de la vida; en esa época en el estado de Jalisco sobraban ejemplos. Llegando al tema, me preguntó:

—Oye, Macedonio, en cuanto a seguridad, ¿cómo ves? El jefe del partido, el gobernador, los empresarios, todos me están pidiendo que ponga como jefe de la policía a un "hijo de la chingada", así lo dicen, textualmente: que vaya y les rompa toda su madre a los delincuentes. Me piden que nombre a un gorila que no les tenga compasión y ponga orden en la ciudad, que ya ves cómo está de descuidada.

—¡No, Poncho! —lo interrumpí—. Esa no es para nada la solución. Están mal. El gobernador, ya conoces su personalidad, y muchos empresarios tienen una visión burguesa de la seguridad en la que sólo les interesa su protección personal: que no asalten sus negocios, no roben sus autos blindados, no les secuestren a sus hijitos. Reconozco que la primera reacción que se tiene ante la delincuencia es represiva y que, humanamente hablando, dan ganas de matar a los delincuentes, de ahorcarlos, de quemarlos en leña verde, pero lo cierto es que los métodos violentos de represión contra la delincuencia no sirven. Además de no ser correctos, tampoco son eficaces. No se puede combatir la violencia con más violencia, el mal con el mal, sino con abundancia de bien, como dijo alguien por allí. ¡No es posible pretender hacer cumplir la ley autorizando y ordenando a los jefes y los policías violarla!

Alfonso escuchaba con atención y me observaba con esa mirada escrutadora e inteligente muy particular en él. Continué hablando:

—Ya sé que esto suena muy utópico pero, independientemente de las razones morales, que de alguna forma siempre deben estar presentes, esto es lo que verdaderamente funciona en la práctica, junto con buenas medidas de prevención como la promoción del empleo y el deporte en los jóvenes, tener buenos servicios públicos y espacios de convivencia. Hace mucho que vengo observando esta realidad. Cuando se tiene y se acepta una corporación policiaca violenta y corrompida no se logra absolutamente nada para mejorar la seguridad. Al contrario, los propios policías se convierten en delincuentes y abonan a la inseguridad. Ya ves cómo están Guadalajara, Zapopan y los demás municipios de la zona metropolitana en estos momentos. Los asaltos a transeúntes y negocios, los robos a residencias, así como los homicidios y la venta de droga, ocupan el primer lugar en la lista de quejas de los vecinos.

—¿Entonces?

—Entonces hay que poner a alguien civilizado. A alguien que conozca las leyes pero que, sobre todo, esté convencido de que la única manera de lograr la convivencia sana de una sociedad es precisamente cumpliendo las leyes, comenzando por los propios policías. Que no tolere por ningún motivo que sus agentes se corrompan, protejan delincuentes, extorsionen y *muerdan* a los ciudadanos. Esa es la manera, Poncho. No les hagas caso ni al gobernador ni a los políticos y empresarios que te están presionando. Están equivocados. Si hicieras lo que ellos dicen no harías más que perpetuar el frágil estado en que la seguridad se halla ahora, y empeorarlo aún más. Tienes que encontrar, para jefe de la policía, a alguien que sea humanista y muy estricto a la vez. Que sea decente, inteligente y que tenga muchos *güevos* al mismo tiempo.

Fue entonces cuando Alfonso me aceptó la idea que le estaba proponiendo y me contestó de la forma que he escrito en el primer párrafo de este capítulo, invitándome a colaborar en su gobierno como jefe de la policía de Guadalajara, con el nombramiento de Director General de Seguridad Pública.

Confieso que la idea me gustó, sin embargo, le dije que lo iba a pensar y le respondería en unos días. En buena medida en ese momento tenía ya una respuesta afirmativa. Lo que yo quería en realidad era asentar el tema en mi ánimo y consultarlo con Tere mi esposa, con quien suelo consultar todas las cosas importantes de mi vida. Más tarde en casa, después de cerciorarse, como también suele hacerlo, de que ser jefe de la policía entraba perfectamente en mi complejo y variopinto esquema de vocaciones y de que yo sería feliz desempeñando esa peculiar función, Tere, con la fortaleza que la caracteriza, me expresó todo su apoyo y me dio ánimos para entrarle al reto y trabajar para lograr una mayor seguridad en nuestra ciudad. Mis hijos también me apoyaron, como siempre lo han hecho, si bien con un dejo de incredulidad en sus miradas y comentarios por la peculiaridad de la tarea que iba a emprender en poco tiempo.

Días después fui a ver a Alfonso en su consultorio; era entonces y sigue siendo como internista mi médico particular. Al igual que hice yo durante muchos años, él nunca dejó de ejercer la medicina mientras se dedicaba a la política o desempeñaba cargos públicos. Cuando agotamos el tema propio de la consulta médica pasamos a lo político y le dije que aceptaba. Me lo agradeció y me dijo que pronto me convocaría a unas reuniones de trabajo para preparar nuestra entrada al gobierno. A partir de ese día empecé a buscar y reunirme con algunos de mis antiguos colaboradores de cuando fui presidente municipal de Zapopan, cargo que había concluido apenas tres años antes. Nos reuníamos por las noches en mi consultorio, después de terminar mi consulta, y revisábamos juntos el organigrama y las normas de la Dirección General de Seguridad Pública de Guadalajara. También estudiamos con cuidado el historial de muchos policías y comandantes, tanto de Guadalajara como de Zapopan, con la intención de preparar los nuevos nombramientos. En realidad no había mucho de dónde escoger; sobre la gran mayoría había espesas sombras de duda. Me quedaba claro, a la luz de los magros resultados que en materia de seguridad tenía la administración municipal entonces vigente, comenzada por Emilio González Márquez y continuada por un presidente sustituto, que la mayoría de los que estaban no eran confiables y se tenían que ir. Anotábamos nombres, los borrábamos y a veces los volvíamos a anotar en la medida que fluía nueva información y aparecían y desaparecían, como por arte de magia, sospechas y evidencias. Fue así como integré mi primer equipo y comenzamos a prepararnos mis compañeros y yo, con poco tiempo por delante, para tomar el control de la corporación de policía municipal más grande de México.

En este proceso fue muy importante repasar los perfiles de confianza y honestidad que tenían aquellos que ocupaban las diferentes comandancias de la corporación. Para mí allí estaba la clave para tener un buen desempeño: deshacernos de los corruptos y poner en su lugar a gente que no sólo no sucumbiera ante las tentaciones del dinero y el poder sino que al mismo tiempo fuese eficaz en su desempeño como policía. En cierta forma, íbamos a barrer la casa de arriba abajo; lo contrario es imposible. Debo confesar que es difícil encontrar prospectos con un perfil ideal. Es frecuente que los policías más inteligentes y astutos, y por tanto más eficaces en sus funciones, sean proclives a la corrupción. Por el contrario, y lo digo con pena, la honestidad no siempre va de la mano con la inteligencia. Es preciso entonces seleccionarlos muy bien, capacitarlos, formarlos en valores y vigilarlos siempre, todos los días a todas horas. A lo largo de los casi tres años que estuve en ese cargo constantemente me enfrenté con el problema de no tener a quien poner en los puestos de mando. ¡No había gente suficiente para ello! Y por lo que veo sigue sin haberla. Además no fueron pocos los que, habiendo sido nombrados con razonable certeza en cuanto a sus capacidades y su honestidad, se corrompieron después. Nuestro sistema es corrupto y corruptor.

En muchas ocasiones en que tenía que hacer un nombramiento de comandante o subcomandante en alguna de las zonas en que dividíamos la ciudad me quebraba la cabeza tratando de tomar la mejor decisión. Una hoja limpia de servicios no siempre demuestra el verdadero comportamiento de un policía. Preguntaba a mis allegados cuál era su opinión y con frecuencia recibía versiones contradictorias. Tanto por la relatividad de sus impresiones como por algún prejuicio o un juicio fundamentado a medias. O por las rivalidades tan humanas que siempre existen. De esta manera muchas veces decidía los nombramientos basándome en la intuición, y aunque a veces me equivoqué, a fin de cuentas no me fue tan mal. Podrá causar horror la idea de que un jefe pueda tener semejante poder. Yo lo tenía y lo usé para bien; la mayoría de los jefes hacen lo contrario. Desafortunadamente, así están diseñadas las instituciones mexicanas. Alcanzar niveles de excelencia en la selección y el procedimiento para hacer nombramientos con base en reglamentos claros y órganos decisorios confiables es una meta aún muy lejana.

De vez en cuando me preguntan que por qué no actué en su momento contra tal o cual elemento de quien se decía que extorsionaba o estaba coludido con los cárteles del narcotráfico, o bien que en su vida cotidiana exhibía una riqueza que no era acorde con sus ingresos. Con frecuencia los policías compran motocicletas y automóviles caros y pesadas cadenas de oro como una forma de ostentación de su fortuna. Yo les contestaba que no había procedido contra ellos por la sencilla razón de que no tenía pruebas en su contra. Los rumores y los dichos no hacen prueba en los procedimientos administrativos y penales.

Sin embargo, no caí en la indiferencia e inactividad como muchos lo hacen, aduciendo la falta de pruebas; en realidad es este un argumento del que se ha abusado mucho, para justificar la tolerancia de la corrupción. Tenía toda la intención de limpiar la corporación, cosa que era una de mis principales motivaciones. Esa era, además, una de las instrucciones que había recibido del doctor Petersen, toda vez que la Policía de Guadalajara estaba muy contaminada, desde años atrás, por la corrupción y la venalidad. Ante la imposibilidad de cesar o procesar penalmente a aquellos de los que tenía sospechas o alguna evidencia mínima, yo los mantenía constantemente vigilados y quitaba de su lado a quienes parecían ser sus cómplices para así desbaratar sus bandas. En varias ocasiones, cuando tenía testimonios contundentes sobre la corrupción de algunos comandantes o subcomandantes, los quitaba del mando y los enviaba a cuidar la puerta de un cuartel para así por lo menos evitar que hicieran daño a la sociedad. Los veía de reojo cuando cruzaba esas puertas e intuía cómo me mentaban, entre dientes, la madre. Si ya tenían plaza de comandante seguían recibiendo su sueldo, pero no ejercían las funciones de mando. Si no podía utilizar judicialmente los testimonios, que eran ofrecidos por víctimas o por otros policías, era porque se negaban a otorgarlos oficialmente ante la dirección jurídica del ayuntamiento o ante el ministerio público por temor a represalias. Pero esos argumentos, a los que sumaba la intuición, bastaban muchas veces para convencerme de la culpabilidad del elemento cuestionado y articular una contundente respuesta en el ámbito de la operación cotidiana. Años después, cuando entró a gobernar el municipio de nuevo el Partido Revolucionario Institucional (PRI) muchos de esos malos elementos que yo había marginado, para sorpresa e indignación mías, volvieron a ocupar puestos de mando. Lo que con mucha dificultad habíamos construido el doctor Petersen y yo a lo largo de casi tres años se vino abajo en unas cuantas semanas, y no se ha podido levantar. La policía municipal de Guadalajara es, desde entonces, una de las más decadentes del país.

Sí logramos, a pesar de todo, cesar a varias docenas de malos policías. Aquí me enfrentaba yo con otra realidad desesperante. En la dirección jurídica del ayuntamiento, que era donde se llevaban a cabo estos procedimientos administrativos, estaba incrustada una mafia de abogadillos vinculados al partido en el poder, en este caso el PAN, que tenían como única vocación mantener una chambita e incluso algunos se enriquecían con ella. Eran, la mayoría de ellos, de tal o cual grupo político o de tal o cual regidor, o del síndico, según se dice en el argot político. De hecho esa dirección no dependía de mí, sino de la Sindicatura del Ayuntamiento. Un regidor o el síndico era el que los nombraba y ellos le respondían política y económicamente, es decir, compartiendo sueldos y gratificaciones. Por tanto, en el delicado y pervertido equilibrio de poderes que advertí en esa administración, como desafortunadamente suele hacerse en casi todas dentro del sistema político mexicano, esos funcionarios de medio pelo eran intocables. A veces esos miserables cobraban a los propios policías por exonerarlos o reducir las sanciones. Así era como, de repente, nos devolvían para trabajar en la corporación policías que, debiendo haber sido cesados o incluso procesados penalmente por sus hechos, recibían sólo un castigo de dos o tres semanas de suspensión de labores. Se trataba de policías que habían robado durante sus patrullajes o habían golpeado a un detenido. Regresaban y, para colmo de males, lo hacían burlándose de nosotros.

Ordenaba entonces que, a los que no podíamos cesar, se fueran a cuidar las puertas de los cuarteles o las entradas de los bancos, marginándolos del campo de operaciones. Así por lo menos no hacían daño a la sociedad. Lo hice de esa manera, por ejemplo, con un comandante que vendía protección a un narco del mercado de abasto. Tanto él como sus subalternos inmediatos lo protegían. Como no se pudo comprobar nada jurídicamente lo mandamos de portero. Cuando algunos elementos hacían algo grave y los sorprendíamos en flagrancia, los enviábamos directamente al agente del ministerio público para evitar que se beneficiaran de la corrupta instancia administrativa del ayuntamiento. Lo hicimos muchas veces. Uno de los incidentes más sonados fue cuando nos enteramos de que unos patrulleros se dedicaban, como negocio paralelo a su labor policiaca, a la venta de armas y cartuchos. ¡Un delito federal! Es esta, debo decirlo, una actividad totalmente indebida de muchos policías. Sin avisar a la dirección jurídica les enviamos un dispositivo de supervisión una noche que andaban patrullando y, seguramente, dedicándose a su comercio ilegal. Les encontramos en la cajuela de la patrulla varias armas, incluyendo una "cuerno de chivo" e incontables cartuchos. Los detuvimos y llevamos directamente, por ser un delito en flagrancia, al ministerio público federal. Si los hubiéramos puesto a disposición del jurídico del ayuntamiento probablemente habrían sido exonerados.

Algo similar pasaba con la otra instancia sancionadora, que era la Comisión de Honor y Justicia del Ayuntamiento.

Esta comisión está integrada por regidores, ciudadanos y comandantes de la propia policía. Conoce los casos que le envía la Dirección de Asuntos Internos a la luz de denuncias y quejas de la ciudadanía. En mis tiempos veía con frecuencia que la clase política —regidores y similares— cabildeaba sin cesar ante los miembros de esta comisión para interceder por sus protegidos, sin importarles que con sus faltas hubiesen agraviado a la ciudadanía o cometido un delito. ¡Había incluso un deshonesto empleado de la Secretaría General del propio Ayuntamiento que cobraba a los policías sometidos a proceso para litigar a su favor!

Un jefe policiaco mexicano tiene, por lo general, tres frentes de batalla. Uno afuera, en la calle, que son los delincuentes. Otro, dentro de la propia corporación, que consiste en la oposición a los cambios por parte de los propios policías. Y un tercer frente, que a mi ver es el peor de todos, el que da más coraje, que es el que representa la clase política. A mí me enfermaban estos últimos más que los otros. Como desde muy joven he participado en política he tenido siempre claro el sentido que debe guiar esta actividad —nobilísima en su concepción original— para que en verdad sirva a los ciudadanos. Me enojaba como pocas veces ver a los políticos de mi alrededor, de todos los partidos, abusando del poder, queriendo exprimir el erario a su favor, haciendo caso omiso de la ley para beneficiarse. Por eso una vez declaré a la prensa, y esta lo publicó gustosa a ocho columnas: "Prefiero tratar con delincuentes que con políticos". Obviamente me refería al trato que deriva del enfrentamiento y no del acuerdo. Con el paso de los años sigo pensando igual. Es más, estoy convencido de que cuando los políticos delinquen son los peores delincuentes. Se aprovechan de su situación privilegiada para cometer delitos sin exponerse y además, a diferencia del delincuente común que en cada hecho afecta a una o pocas personas, los políticos, cuando hacen algo indebido, generalmente afectan a miles de ciudadanos o a millones. En México, no habrá confianza en la política ni en las instituciones oficiales hasta que no veamos a decenas de políticos en la cárcel y el dinero que se robaron sea devuelto a las arcas públicas. O por lo menos, tratándose de incompetencia, verlos fuera de sus puestos. Años después, en un entorno muy diferente pero con similares inercias, el director del CISEN me dijo algo muy parecido a esta reflexión. Me comentó que él tenía ocho frentes de batalla, siete cárteles y un gabinete.

La policía municipal de Guadalajara detenía en promedio, en aquellos tiempos, entre 200 y 300 individuos al día, tanto por presuntos delitos como por faltas administrativas. Con frecuencia iba yo a verlos, por las mañanas, en los separos que están por la calzada Independencia. Me interesaba estar al tanto de lo que sucedía durante el turno nocturno, así como del trato que se les daba a los detenidos. Me daban lástima los *cholitos* que habíamos detenido la noche anterior por robarse el tapón de una llanta, un bolso o por haberle arrancado un collar a una señora. Y los miraba echados en el piso de sus celdas, flaquitos y prietos de mugre, con apenas una camiseta puesta y unos pantalones rotos, tiritando de frío o por la falta de droga, víctimas de quién sabe que sino fatal. Y ni modo, pensaba yo, había que cumplir con nuestro deber y presentarlos al ministerio público y probablemente acabasen meses o años en la cárcel por su fechoría, especializándose en nuestros reclusorios en las diversas ramas del universo delictivo. Me daba mucho coraje, por otro lado, darme cuenta de la impunidad que se cernía sobre regidores y directores que, de un plumazo, se ganaban o, mejor dicho, se robaban cientos de miles o millones de pesos. Que se dedicaban casi exclusivamente a ver qué negocios hacían, en qué adquisiciones metían mano, a qué amigos o seguidores podían incorporar en la ya obesa nómina del gobierno municipal en una inagotable y eufórica búsqueda de riquezas y empoderamiento. Hacia los primeros me nacía un sentimiento de comprensión, misericordia y solidaridad. Hacia los segundos sentía y sigo sintiendo el más profundo de los desprecios.

Fue así como quedé, para sorpresa de todos, pero principalmente mía, como jefe de la policía de Guadalajara, algo que nunca pensé que sucedería. No cabe duda de que la vida es una caja de sorpresas. Hubo críticas, por supuesto, de rivales políticos, como era de esperarse, y de gente que no me veía con el perfil adecuado. Estaban acostumbrados a ver a rudos policías o a primitivos militares en ese puesto. Ignoraban que la fuerza del Estado debe estar sometida a valores más elevados que la propia fuerza. En Europa, por eso, es frecuente ver a civiles como secretarios de Defensa. En Estados Unidos es excepcional, y llama mucho la atención que un militar ocupe algún puesto policiaco. No sabían que además de médico soy abogado —egresado de la Escuela Libre de Derecho— y olvidaban también que, como presidente municipal de Zapopan, logré organizar allá una de las mejores policías del país y que, años antes, fui fundador y el primer director del Instituto Jalisciense de Ciencias Forenses, donde aprendí mucho sobre criminalística y criminología.

Cuando anunciaron mi nombramiento un estulto editorialista escribió en la prensa que era un favor político el que me estaban otorgando, nada más lejano a la realidad. En su estrecha mentalidad no podía concebir que las decisiones políticas se pudieran manejar de forma distinta a los vulgares juegos cotidianos del poder, al intercambio de favores. Ya he explicado las razones externas e internas de mi incorporación. Hasta el cardenal, siguiendo su mala costumbre de comentar sobre las cosas mundanas que se le ocurrían, me criticó sin conocimiento ni caridad algunos. Actuó igual que muchos políticos —es uno más de esa clase— e ignorando los modernos conceptos de seguridad pública se atrevió a decir que "si el encargado de seguridad no sabe nada de seguridad y es un doctor, no se van a arreglar las cosas…". Esta declaración me molestó mucho. A esas alturas ya no simpatizaba mucho con el entorno del cardenal desde que en Zapopan, cuando fui presidente, unos de sus amigos quisieron aprovechar su amistad con el purpurado para obtener privilegios; no les hice caso pero me disgusté mucho. Había un vividor, uno de esos que tienen nombramiento honorífico de camarero, que cuando iba a hacer trámites al ayuntamiento compraba estampitas y rosarios en el atrio de la Basílica de Zapopan, enfrente del palacio municipal. Luego los regalaba a los funcionarios con los que trataba diciéndoles que eran regalos del cardenal como una forma de querer quedar bien con ellos. De manera infantil cobré venganza por esas declaraciones tiempo después, ya ocupando mi cargo, en el transcurso de dos diferentes romerías de la Virgen de Zapopan, cuya vigilancia toca en buena parte a la policía de Guadalajara. La procesión anual de esa imagen recorre principalmente calles de Guadalajara, las avenidas Alcalde y Manuel Ávila

Camacho en concreto. Al ser interrogado por la prensa sobre mi percepción sobre ese evento, en una ocasión declaré, sin faltar a la verdad, por supuesto, que ese año había disminuido el número de fieles que asistían a esa fiesta religiosa. En otro momento, cuando me pidieron que expresara algunas recomendaciones para los peregrinos, entre otras cosas dije que no se emborracharan, porque había muchos borrachos siempre. En ambos casos se molestó mucho el cardenal y se quejó ante su amigo el devoto secretario general de Gobierno, quien llamó al presidente Petersen para reclamarle sobre mis declaraciones. ¡Cómo lo disfruté!

También me criticaron mucho desde la Secretaría de Seguridad del Gobierno del Estado, a donde se fueron los que habían estado en la policía de Guadalajara antes de que yo llegara. Fueron ellos quienes me la entregaron, y me la entregaron en muy malas condiciones. Había desaliño, corrupción e indisciplina. Desde un principio insistieron en que yo no estaba preparado para ese cargo y magnificaron ante los medios y a través de rumores los hechos cuando algo salía mal y callaban cuando, como era más frecuente que sucediera, se tenía éxito. Cada dos o tres meses de esas oficinas salía el rumor de que me destituirían del cargo, cosa que no sucedió en tres años. No soportaban que un civil fuese jefe de la policía municipal más grande del estado. Un civil que tenía sobre la seguridad pública conceptos muy superiores a la rudimentaria e ignorante versión represora que ellos tenían y siguen teniendo y aplicando. Tampoco estuvieron contentos con la pérdida del poder. No toleraban a un jefe de la policía independiente que poco caso les hacía, que se deshizo de muchos de los malos elementos que habían estado con ellos, y presentaba ante la sociedad doliente una nueva cara, más fresca y sana, de lo que debe ser la seguridad. Cuando teníamos reuniones a las que era obligatorio asistir siempre me reclamaban una mayor coordinación con ellos. El problema es que la coordinación que querían no sólo era una subordinación, sino que además significaba hacer propias las primitivas prácticas policiales a las que estaban habituados, idea que me repugnaba. El hecho es que nunca me soportaron. Ni yo a ellos.

En realidad conocía y me gustaba el tema. Tenía vocación, tiempo y, además, estaba en un periodo de mi vida, a los 52 años de edad, en que era preciso, al menos para mí, encontrar actividades nuevas o motivantes que le dieran energía y esplendor a la existencia. Entré a esa posición lleno de energía y esperanza. Respecto a la vocación de servicio que he tenido desde joven, y que me ha llevado a dedicarme a la medicina y la política, encontraba en esta etapa algo muy importante para hacer por México. Con preocupación me daba cuenta de que el país iba quedando progresivamente en manos de las bandas del crimen organizado, protegidas por una corrupta red de policías, fiscales y jueces y por una miserable clase política. Una clase política que esos últimos años había sumado sus relaciones con la delincuencia a su inagotable fuente de negocios e ingresos, como un activo más. No le importaba que esto significara algo tan grave como hacer perder la paz a los mexicanos, como sembrar en ellos el miedo, cosas imperdonables. Había que hacer algo; no podía quedarme cruzado de brazos viviendo un dorado retiro. Pensaba, con un idealismo que a pesar de mis años no había ni he perdido, en el país que les estaba dejando a mis hijos y a los hijos de los demás mexicano y que había que hacer algo para detener su caída al abismo. Por eso acepté, a pesar de los diagnósticos adversos y los pronósticos en contra.

2

Instituto Jalisciense de Ciencias Forenses

—¿**D**E ACUERDO? —le pregunté al gobernador, levantando las cejas y señalando los papeles que me acababa de entregar. Lo pensó un momento y me contestó con contundencia:

—De acuerdo, adelante.

Esa noche estaba con Alberto Cárdenas Jiménez, gobernador de Jalisco, en su despacho en Casa Jalisco. Me había citado para invitarme formalmente a ser el director del Instituto Jalisciense de Ciencias Forenses, organismo cuya creación estaba en marcha y se habría de fundar unos meses después. Mi pregunta sobre si estaba de acuerdo o no es que, momentos antes, después de haber aceptado su invitación, me dijo: "Pues ve empezando, Macedonio. Deja todo lo que estás haciendo e incorpórate acá a partir de la siguiente quincena…". Le contesté que no, que no iba a dejar de ejercer la medicina, que era mi actividad de toda la vida para la cual tenía una gran vocación. Que además no quería quedarme desempleado al final de su sexenio —que ya se acercaba a la mitad— y andar después mendigando una chamba en el gobierno. Le pedí que no me impidiera continuar con mis actividades profesionales mientras ejercía ese cargo: "Voy a seguir con mi consultorio y yo me encargo de hacer los malabarismo necesarios para cumplirte con esto". Fue cuando señalé la documentación sobre el nuevo Instituto que recién habíamos puesto sobre su escritorio y le pregunté si estaba de acuerdo. De allí se derivó su respuesta afirmativa, sin duda muestra de su habitual generosidad. Y así lo hice a partir de entonces. Me involucré con el equipo del gobierno del estado en la organización de la nueva institución, me convertí en su director general durante poco más de dos años y nunca dejé de ejercer la medicina; me fijé horarios para atender mi consultorio y programar mis cirugías y, bueno, los partos los atendía cuando llegaban, en momentos inesperados como suele suceder. Esa conversación la sostuvimos el 2 de febrero de 1998, un lunes.

El proceso de invitación había comenzado el mes de diciembre anterior. Me llamó a mi consultorio el licenciado Carlos Rodríguez Combeller, secretario de Administración, con quien siempre me llevé muy bien a lo largo de aquella administración estatal. Hombre decente y sensato, era alguien a quien el gobernador Cárdenas le tenía confianza en cuestiones administrativas y de manejo de recursos. Ya para entonces habían empezado a enseñar el cobre con deshonestidades y negocios indebidos algunos panistas que lo habían llevado al triunfo unos años antes. Cuando recibí esa llamada estaba yo frente a mi escritorio enfundado en mi bata blanca, como siempre, en un breve espacio entre una paciente y otra. Con una taza de café al lado y la vista perdida entre los títulos, certificados y fotos que colgaban de la pared de enfrente. El timbre del teléfono me sacó de mi ensueño. Después de saludarnos me dijo, provocativo:

—¿Qué te parecería una de las nuevas áreas de seguridad que acaba de crear el gobernador?

Sorprendido le contesté:

—¡Me estás moviendo el tapete, Carlos! Estoy muy a gusto aquí en mi consultorio ejerciendo mi profesión, y me está yendo bien…

—Lo sé —agregó—, pero el gobernador está pensando en ti para ser director del Instituto Jalisciense de Ciencias Forenses que se va a fundar. También habrá una nueva Secretaría de Seguridad y cambios en otras instituciones; se trata de un programa integral muy interesante. Nos urge mejorar el esquema de seguridad en el estado, y tú lo sabes bien.

—¡Híjole! Está difícil…

—El gobernador te tiene mucha confianza y por eso me pidió que te buscara. Piénsalo. Te volveré a llamar pronto.

—Sí —contesté titubeando—; lo voy a pensar, pero no te aseguro nada, Carlos.

A los pocos días recibí, en mi radiolocalizador, un mensaje de parte del gobernador pidiéndome que me comunicara a su oficina en Casa Jalisco y así lo hice de inmediato. Entonces apenas empezaban a aparecer los teléfonos celula-

res y poca gente tenía acceso a ellos; yo no. Marqué el teléfono entre nervioso e impresionado; nervioso porque ya
sabía para qué era la llamada. Impresionado porque, bueno,
no siempre le habla a uno por teléfono un gobernador. Alberto Cárdenas contestó mi llamada y me preguntó sobre mi
disponibilidad para ocupar la dirección del nuevo instituto
de ciencias forenses. Me dijo —en lo que fue una rápida e
intensa conversación— que quería que ese instituto fuera el
número uno del país, y al cual se le asignaría un presupuesto
y se equiparía con lo último en tecnología para eso. Comentó
que ese paso era necesario porque quería mayores niveles de
justicia y seguridad para el estado. Como yo había trabajado
bien con él en la Secretaría de Salud me conocía y apreciaba
mi trabajo; me pedía que aceptara. Como respuesta repetí mi
campirana metáfora del tapete y le dije que lo iba a pensar.
Quedamos de vernos al poco tiempo. Después se llevó a cabo
la reunión durante la cual acepté la invitación. Así fue como
inicié mi largo camino por las áreas de seguridad, cosa que
nunca supuse que sucedería. Ya estaba aprendiendo que la
vida es una caja de sorpresas y uno nunca se imagina dónde
va a acabar, ni haciendo qué ni con quién. En esa época estaba yo programado mental y anímicamente para dedicarme a
la ginecología el resto de mis días, combinándola con la enseñanza de las humanidades, y a eso encaminaba todos mis
esfuerzos. Pero al mismo tiempo vocaciones paralelas como
la de la política pavimentaban imperceptiblemente otros ca-
minos. Ese día una sola llamada me haría cambiar de rumbo
y me llevaría a dedicarme a la criminalística, luego a convertirme en alcalde y, más adelante, en jefe policiaco y director
en áreas de inteligencia a nivel nacional.

Entre 1997 y 1998 se diseñó y se puso en práctica el Programa Jalisco de Justicia y Seguridad Pública. Dicho programa contemplaba la creación, entre otras instituciones, de la Secretaría de Seguridad y el Instituto Jalisciense de Ciencias Forenses. La idea de este instituto fue muy buena. Le quitó a la Procuraduría General de Justicia del Estado todas las áreas periciales y las incorporó a un nuevo organismo totalmente autónomo. El razonamiento era el siguiente: no era posible que, siendo la Procuraduría una de las partes en un proceso penal, dependieran de ella la realización y el desahogo de las pruebas periciales. Eso significaba que se era juez y parte. Con esta modificación Jalisco sería pionero en México al otorgar plena autonomía a todos esos servicios periciales que forman parte de la criminalística y mostraría un gran avance en materia de justicia. A pesar de la mejora que supone esta idea nadie en la República Mexicana se ha atrevido a repetirla. Gobernadores y procuradores pierden poder, y eso no le gusta a nadie. Estaba claro que me invitaban a este peculiar puesto por ser médico y abogado, consecuencia de esa curiosa mezcla de vocaciones e intereses que siempre he tenido. Como médico podría entender el trabajo de los médicos forenses, los químicos y tener en general un acceso más fácil a temas científicos. Como abogado tendría una buena interlocución con procuradores, subprocuradores, ministerios públicos y abogados litigantes, como verdaderamente sucedió.

Para esa época ya había caído en descrédito, en materia penal, la prueba confesional, antiguamente llamada "la reina de las pruebas". Se le consideraba una prueba irrefutable porque se suponía que al reconocer un sospechoso su culpabilidad ya no había nada que investigar. Con el tiempo se ha visto que muchas veces la confesión se puede arrancar con tortura, bajo amenaza o se puede comprar. De igual manera, es cuestionable la prueba testimonial pues tiene una gran carga de subjetividad. Cada cabeza es un mundo y la percepción que se tiene de un hecho delictuoso puede ser muy distinta y aun contradictoria entre personas que lo hayan observado. Además de que un testimonio se puede también comprar o arrancar con amenazas. Por ello cada vez con más frecuencia, en el mundo moderno y civilizado, la resolución de los procesos penales reside más en la evidencia científica irrefutable, una evidencia que supera sin duda testimonios, confesiones y presunciones. Vale más como elemento de culpabilidad el hallazgo del ADN del asesino en un cabello encontrado en el lugar del crimen que múltiples testimonios o una confesión. Esta fue la razón por la que escogí como lema del Instituto, recordando los cursos de latín que en mi juventud tomé en Nuevo Laredo, *Scientia Lux Iustitiae* ("La ciencia ilumina a la justicia"), lema que afortunadamente se conserva hasta la fecha. Resume en tres palabras la razón de ser de una institución tan noble.

EL PODER CORROMPE a la gente, la corrompe a veces desde su búsqueda y la lleva a hacer cosas indebidas (trampas, falsificaciones, presiones) con tal de alcanzarlo. La autoridad máxima del Instituto Jalisciense de Ciencias Forenses es la Junta de Gobierno presidida, a mi ver indebidamente por la cuestión de la autonomía, por el procurador del estado. Yo era director general y había varios directores de área en el organigrama: el administrativo, el de dictaminación pericial, el de capacitación, etc. El reglamento decía que yo, como director general, tenía la facultad exclusiva de proponer los nombramientos de los demás directores, que el pleno de la junta habría de aprobar. Allí fue cuando empezaron los problemas, desde el comienzo, desde el día en que se tenían que hacer los nombramientos. El procurador quiso asumir atribuciones que no le correspondían y pretendió nombrar como directores a gente de su círculo o clientela, a preferidos y recomendados suyos. En México se cree que cuanta más gente coloque uno en cargos públicos tiene más poder. Fue una perversidad que me tomó por sorpresa; en mi ingenuidad de entonces nunca me imaginé que sucedería. Pero no me dejé. Yo era joven, no llevaba muchos años en cosas de gobierno y, obviamente, me impresionaba la figura de un procurador —hombre de poder—, pero no me dejé.

Ese día estábamos en la improvisada sala de juntas del Instituto celebrando una reunión formal. Se había acondicionado una antigua bodega de muebles en la zona industrial como sede, a falta de un edificio propio y adecuado. Tanto por fuera como por dentro parecía todo menos un instituto de criminalística. Aturdían los ruidos —martillos y taladros— de los trabajadores que hacían reparaciones en otras áreas del edificio. La sala en la que estábamos olía a pintura fresca y la mesa donde celebrábamos la reunión estaba rodeada de sillas de diferentes estilos, colores y tamaños. Una improvisada mesa de servicio sostenía con fragilidad un servicio de café y galletas. Antes de empezar vi de reojo que el procurador daba al decano de los médicos forenses, un hombre respetable y respetado que era miembro de la junta, varios expedientes. De inmediato me di cuenta de que pretendía por ese conducto meter ilegalmente mano en las designaciones. Yo tenía mi propia lista de candidatos, como era mi derecho. Cuando se quiso consumar la propuesta, aprovechándose de la figura del viejo médico, dije que no. Aduje los artículos del reglamento que me otorgaban esa facultad y dije que no, que no aceptaba esas propuestas, y de allí no me moví. Hubo silencio y la tensión aumentó; la asamblea no progresó y, después de agotar otros asuntos de trámite, se dio por terminada a los pocos minutos. No se nombraron ni sus candidatos ni los míos, pero allí empezó la guerra. Y allí recibí una invaluable lección en el sentido de que, en el ambiente de seguridad, los enemigos los tiene uno en casa.

El procurador no se volvió a presentar a una reunión de la junta de gobierno; no toleró que alguien se le opusiera. Cuando alguna vez nos volvimos encontrar apenas esbozó un saludo. Nos despreciábamos mutuamente. Para mí no volverlo a ver fue bueno pues me era muy desagradable su presencia. No fue más a las juntas pero en su lugar mandó a un esbirro a presidirlas con la sola intención de fastidiarnos, y así lo hizo todo el tiempo. Buscaba el más mínimo error o apariencia de error en el manejo del Instituto para criticarnos y reclamarnos. Nos molestaba mucho. Fue la típica marrullada mexicana de poner obstáculos al que no se quiere o al rival, sin reparar que este tipo de actitudes dañan instituciones y proyectos enteros. Pese a ello no le hicimos caso y seguimos adelante. Como director tenía yo el apoyo de los demás concejales, tanto los de otras dependencias de gobierno como los de instituciones privadas. Con el correr de los meses me había ganado su confianza gracias al buen trabajo.

El saldo final fue bueno pues hubo logros importantes y yo con gran celo conseguí que se respetara la autonomía del Instituto, que era su razón de ser.

Tal como me había dicho el gobernador Cárdenas, se dotó al Instituto de un generoso presupuesto para equipamiento. Tratándose de la investigación científica del delito había mucha necesidad de invertir en equipo de vanguardia. Se compraron equipos de química y de grafoscopia, microscopios para balística, material para genética forense —que por primera vez la iba a practicar en el estado—, cámaras fotográficas y muchas cosas más. Recuerdo que cuando terminamos de calibrar el equipo de genética forense y de preparar al personal que lo manejarían pasaron varios meses antes de que el ministerio público nos pidiera un dictamen pericial de esa materia. Hubo que capacitar a los fiscales del estado para enseñarles la utilidad de esta prueba de la cual sólo tenían una vaga idea derivada seguramente de programas de televisión. Un buen día lo estrenamos con una cabeza que nos llegó; teníamos que averiguar a quién pertenecía. También compramos vehículos adecuados para acudir a todos los rincones del extenso y accidentado territorio del estado y pusimos en marcha un programa para abrir delegaciones en todas las regiones. De esta manera ya no habría que trasladar cadáveres, vehículos y otro tipo de pruebas hasta Guadalajara. El traslado de cadáveres hasta la capital del estado era en particular tormentoso. Siguiendo el cuerpo venían parientes que, además de la pena de perder a un familiar, tenían que viajar, gastar y hacer penosos trámites. Y someterse al acoso de empleados de funerarias que, como si fueran zopilotes, en cuanto se enteraban de que había un muerto rondaban a los familiares para venderles sus servicios. Había incluso empleados del Hospital Civil de Guadalajara, donde morían muchas de las víctimas, que recibían comisiones de las agencias funerarias por informarles cuando había un difunto con el cual hacer negocio.

Me tocó, poco antes de salir, programar la construcción y poner la primera piedra, junto con el gobernador, de la nueva sede del Instituto. Un edificio diseñado de acuerdo con las necesidades tan peculiares de esa institución, como el resguardo de cadáveres, armas de fuego, drogas y explosivos. Fue terminado en la siguiente administración y ahora luce en Tlaquepaque y cumple cabalmente con su cometido. También invertimos muchos recursos y tiempo en la capacitación y formación del personal. Siempre he pensado que los recursos humanos son el aspecto más importante en toda institución. De nada sirve adquirir costosos y sofisticados equipos si la gente no sabe usarlos, o no los usa éticamente; se vuelven peligrosos. Organizamos cursos y congresos de todas las materias en casa y enviamos a nuestro personal a estudiar fuera cuando era necesario, inclusive al extranjero. De igual manera capacitamos a personal de otras instituciones. A policías municipales y agentes de la policía investigadora de la Procuraduría les enseñamos algo tan importante como la preservación del lugar de los hechos. Es frecuente que muchas pruebas se pierdan por descuido de los policías, que son los que habitualmente llegan antes que nadie al lugar de un crimen. Muchas veces las huellas dactilares o de zapatos o las colillas de cigarros que se encuentran son las de ellos. También hubo que enseñarles a los agentes del ministerio público el valor probatorio de muchas de las nuevas técnicas y cómo pedirlas dentro de un procedimiento. Fue un gran esfuerzo en todos sentidos.

La gente se preguntaba: "¿Por qué Macedonio anda haciendo autopsias si es ginecólogo?" En primer lugar yo no las hacía, las practicaban los médicos del Servicio Médico Forense, que era una de las dependencias. Además, las ciencias forenses abarcan muchos campos más que la sola medicina forense: química, balística, contabilidad, antropología, arquitectura, criminalística de campo —incluyendo la preservación del lugar de los hechos—, fotografía, identificación de vehículos, identificación de documentos, genética y muchas cosas más. En verdad es un mundo muy interesante y provocador.

Debo admitir que no hubo, fuera de los remilgos del procurador, mucha resistencia a mi nombramiento ni a la creación del Instituto. Tanto litigantes como peritos y fiscales los tomaron bien y se adaptaron a esa nueva realidad científico-jurídica. Sólo algunos médicos de la universidad pública local iniciaron un movimiento para fundar un instituto paralelo, aduciendo que por tradición les correspondía el manejo de la medicina forense, en particular por cuestiones de enseñanza. Nada más falso. En realidad, la intención no era otra sino el consabido deseo de conservar poderes. Aquella fue una muestra más de cómo en México las universidades públicas se han politizado al grado de pretender usurpar los poderes públicos, en perjuicio tanto de la enseñanza como de la gobernabilidad. No les hice caso y su pretensión no llegó a mayores.

Por esa época mi esposa me pidió que no hablara del trabajo durante las comidas en presencia de los hijos. Lo que pasaba es que llegaba yo muy entusiasmado con las historias y logros del día a contárselos, como toda la vida he hecho con las cosas que me suceden. Pero las actividades a las que ahora me dedicaba incluían cadáveres "entambados", cabezas abandonadas en basureros, miembros separados del tronco, restos óseos de origen por determinar y cosas similares. Hubo situaciones escalofriantes como la camioneta que llevaron a la cochera contigua a mi oficina para sacar unos cadáveres que estaban en la cajuela —lo supimos por el olor—, o cuando llevaron a mi oficina un dedo que se encontró la policía en un basurero. Una vez un agente del ministerio público nos mandó, para investigar, los cadáveres de varias gallinas que habían sido encontradas por el rumbo del aeropuerto. ¡Se sospechaba del "chupacabras"! Así que me guardé las conversaciones solamente para el ámbito de mi trabajo.

Todos los días, temprano por la mañana, me daba una vuelta por el Servicio Médico Forense, que está a un lado del Hospital Civil de Guadalajara. Allí me atendía afablemente su director, el doctor Mario Rivas Souza, todo un personaje. Como buen conversador que es me platicó durante esas visitas, que sumaron docenas, increíbles historias vividas durante sus más de cuarenta años de médico forense. Después íbamos a ver los cadáveres del día. Recorríamos los pasillos de la morgue; tengo muy grabadas sus paredes pintadas con pintura amarilla de aceite y sus ventanas con vidrios esmerilados. Todo olía a formol; me acuerdo como si lo estuviera oliendo todavía. Y don Mario, con toda su experiencia, me iba describiendo caso por caso. Caminábamos de una mesa a otra y revisábamos, uno por uno, los muertos. Allí vi por vez primera un "entambado": un tipo al que habían asesinado y después metieron el cuerpo en un tambo de gasolina al que vertieron cemento; sólo sobresalía una mano de la masa compacta. Hubo que llamar a un albañil que andaba por allí haciendo reparaciones en el hospital para que ayudara con el zapapico a retirar el cadáver y poder examinarlo. Había quemados —que olían a cabrito asado—, apuñalados, muertos por arma de fuego. Me impresionaban mucho los niños, casi todos muertos por accidente de tránsito. Fue algo que me costó superar. Alguna vez me asomé a los refrigeradores donde guardaban los cadáveres y pedazos de cadáveres no identificados; cabezas, piernas, brazos y troncos apiñados me hicieron recordar escenas del infierno de Dante. Había también un crematorio donde, por cierto, aprovechándose de su calor los empleados calentaban sus tortas y tamales.

EN DICIEMBRE DE 1998 me llamó mi amigo Federico López Camba, un psiquiatra de Guadalajara, para preguntarme si podía averiguar algo sobre un estadounidense que había desaparecido en la sierra del norte del estado; su familia, de la que era amigo, lo estaba buscando con desesperación. Se trataba de Philp True, periodista del *San Antonio Express-News*, que había ido días antes a recorrer la Sierra Madre Occidental de México para hacer, en su tiempo de vacaciones, un reportaje sobre los huicholes. A los pocos días, para gran consternación de todos, su cadáver fue encontrado por un pelotón de soldados que había sido enviado en su búsqueda en una barranca a cien metros de profundidad. Fue llevado a la morgue de Tepic pero, al determinarse que su cadáver había sido encontrado en Jalisco, lo enviaron de oficio a la institución que yo dirigía entonces.

El cuerpo llegó a media noche. Era diciembre y hacía mucho frío. Como la noticia ya había trascendido y se convirtió en un caso importante por tratarse de la muerte de un periodista extranjero había gran expectación. Recuerdo el convoy que lo trajo del vecino estado de Nayarit. Estaba compuesto por el vehículo que traía el cuerpo, así como por varias camionetas colmadas de policías vestidos de negro, fuertemente armados. Como un desfile fantasmal llegaron por la calle de Belén y se estacionaron a un costado de nuestro servicio médico forense. El mortuorio estaba lleno de gente a pesar de lo tarde que era; había de los nuestros, de la procuraduría del estado, de la PGR, del CISEN seguramente, del consulado americano. Entre varios empleados trasladaron con mucho esfuerzo un gran bulto forrado de plástico negro y lo colocaron en la mesa metálica de exploración. Hubo gran tensión mientras que, como si se tratase de una cebolla, se iban retirando una por una las hojas de la envoltura hasta que apareció el cuerpo, que llevaba varios días en proceso de descomposición. Sufrimos una fuerte impresión. Don Mario Rivas Souza practicó la autopsia a la vista de todos; alguien del consulado tomó película. No voy a dar detalles de la autopsia por decoro, pero fue impresionante, tanto el caso en particular como el ambiente se había formado en torno a él.

La conclusión fue que se trataba de un homicidio. Así lo dijeron el médico forense y los criminalistas que días más tarde enviamos al lugar de los hechos. Fue una muerte multifactorial: golpes, hipotermia, intoxicación; nuestros químicos encontraron valeriana y alcohol en la sangre del cadáver. Hubo debate a pesar de todo. Por querer cuidar su imagen internacional al gobierno federal le convenía que esta muerte apareciese como un accidente. Esta era la consigna que traían los forenses de la PGR que vinieron de México a revisar el cadáver. Aprovechándose de algunas inconsistencias de la autopsia, quisieron maquillar los indicios para que pareciera que el señor True había caído accidentalmente en la barranca y que ello provocó su muerte. Recuerdo muy bien sus caras serias, morenas, con ojos de malicia, queriéndonos envolver al doctor Rivas y a mí con su verborrea y sus argumentos seudocientíficos. ¡Marrulleros! No lo lograron. Nos mantuvimos con nuestro dictamen, lo entregamos a la procuraduría y con fundamento en él se hicieron las siguientes investigaciones buscando a los responsables de un delito de homicidio.

A los pocos días se detuvo a los culpables. Se trataba de un par de huicholes, cuñados entre sí. A pesar de las pruebas contundentes que había contra ellos, el juez de primera instancia de Colotlán los declaró inocentes. Sospecho que hubo presiones para que fuese así. No era políticamente correcto para el común del público que dos pobres indígenas, supuestamente torturados para confesar su culpabilidad —como ellos falsamente acusaron—, fuesen condenados por el asesinato de un gringo. La opinión pública y algunos medios estaban a su favor. Un abogado del PRI, en busca de notoriedad electoral, metió las manos. Fue así como los dos presuntos responsables quedaron libres. Sin embargo, durante el proceso confesaron espontáneamente su culpabilidad a su abogada. Dijeron que lo habían matado por violar lugares sagrados de su tribu y por buscar joyas en su territorio. También que había molestado a una de sus mujeres. Independientemente de las causas, que quedan con

sombra de duda, ellos sí lo mataron. Tiempo después el tribunal de apelaciones y los tribunales federales desecharon la
sentencia absolutoria y fueron declarados culpables. Pero ya
estaban prófugos, y siguen prófugos hasta la fecha. Al parecer, su comunidad los protege. Fue un caso difícil y preocupante para nosotros por las presiones que recibimos en su
momento por parte del gobierno federal. No cedimos pero
fueron días malos. Por otro lado, fue frustrante ver cómo la
justicia mexicana puede ser manipulada por abogados y por
medios de comunicación. Finalmente, el homicidio de un
buen hombre quedó con muchas dudas y con dos culpables
gozando de una inmerecida libertad.

Otro caso interesante, también difícil, fue el asesinato
del cardenal Juan Jesús Posadas Ocampo. Se había perpetrado cinco años antes, en mayo de 1993, pero todavía nos
correspondieron los últimos pasos de la investigación. Remitir dictámenes antiguos, realizar de nuevo pruebas de balística, valorar psiquiátricamente a algunos testigos, y cosas así.
El psiquiatra forense que examinó a los testigos más importantes que tenía la procuraduría del gobierno del estado me
dijo: "Están locos... No se les puede creer". No tengo una
conclusión personal sobre las causas y los responsables de
este homicidio. Históricamente los magnicidios dejan más
dudas que certezas y este fue, sin duda, un magnicidio. Lo
que sí me consta es que había y sigue habiendo un curioso
debate sobre la muerte del prelado guiado más por cuestiones ideológicas y políticas que por un verdadero interés por
conocer la verdad. Hay tres versiones contradictorias y ex-
cluyentes entre sí: la versión de la derecha que sostiene que
fue asesinado por enfrentarse de alguna manera a las mafias

y que obsesivamente lo quiere convertir en mártir y llevar a los altares; la de los que lo ven como cómplice de alguno de los cárteles basándose en una antigua relación que supuestamente tenía el cardenal con gente de Tijuana, y la de los que afirman que fue una confusión. Lo que está fuera de duda es que hubo muchas cosas raras antes, durante y después del atentado. Percibo que nunca se conocerá la verdad.

3

Intermezzo municipal

CUANDO UNO SE CONVIERTE enpresiden-
te municipal nunca se imagina cómo habrá de ser re-
cordado. Las actividades de un alcalde son muchísi-
mas y de tipo muy diverso, todas relacionadas estrechamente
con la vida cotidiana de los ciudadanos. El municipio, decía
Efraín González Luna, es la casa grande de los mexicanos.
Uno empieza a trabajar desde el primer día, hace de todo y
al final, caprichosamente, el destino interviene y la historia
registra lo inesperado, como a mí me sucedió.

Tuve el honor de ser presidente municipal de Zapopan,
Jalisco, del 1 de enero del año 2001 al 31 de diciembre de
2003; tres años exactos, como marca la ley. Con esa inves-

tidura estuve involucrado cotidiana e intensamente en todo tipo de actividades, siempre trabajando con la más sana de las intenciones y buscando los mejores resultados para la población. Terminó mi periodo, pasó el tiempo y con sorpresa me di cuenta de que mi administración es recordada, entre otras cosas, por los buenos niveles de seguridad alcanzados y por la eficacia y honestidad de la policía municipal. "En tiempos de Macedonio, Zapopan tenía la mejor policía del país...", se dice. No sé de dónde salió esa frase ni cómo vino a fijarse en el imaginario colectivo pero al tiempo de escribir esto, aproximadamente doce años después de haber terminado mi gestión, se sigue repitiendo entre la gente y la clase política, cosa que me satisface y enorgullece.

Recibí una policía municipal, digamos, en condiciones decorosas. Había desviaciones y corruptelas que tuve que corregir, como más adelante lo señalaré, pero sus condiciones no eran tan malas como las que se observaban en el resto de las corporaciones del estado, casi todas muy corruptas e ineficientes. Era una policía nueva —había sido fundada pocos años antes—, por lo que no existía en ella una arraigada tradición de venalidad. Tenía muchos elementos y comandantes sanos que se pudieron aprovechar y estaba bien equipada. Con esta realidad comenzamos a trabajar con esperanza y entusiasmo.

El factor humano es la clave; con buenos policías los cambios positivos son posibles. Lo primero que hacen casi todos los alcaldes y gobernadores al comenzar su administración es comprar patrullas, chalecos antibalas y armas y entregarlas a sus corporaciones en un acto público, solemne, marcial, a la vista de todos y con gran presencia de los medios de comunicación. Quieren así impresionar a los ciudadanos con un alarde de fuerza bruta, sin recordar, o saber, que más que patrullas, pistolas, chalecos y radios lo más importante de una corporación reside en la selección, capacitación y formación de los policías en lo personal. Yo también, llevado por la inercia, realicé algún acto de entrega de equipamiento como los que ahora critico. Pero puse mayor énfasis, y esto con sigilo, tal vez con demasiado, en el personal que habríamos de tener. Para esto me aproveché de la atinada decisión de la administración previa a la mía que me había dejado 400 plazas vacantes de policías, ya cubiertas presupuestalmente, de tal manera que di órdenes de que se lanzara una convocatoria, una cuidadosa selección y se les preparase con esmero una vez admitidos los reclutas nuevos.

Con sorpresa me enteré de que en la Academia de Policía el proceso de adiestramiento para los elementos de nuevo ingreso ¡duraba sólo un mes! Eso y nada son lo mismo. En cuatro semanas se les daba a los jóvenes de nuevo ingreso una barnizada de conceptos básicos de policía, y después de un sencillo examen, se les entregaban placa y arma y se les enviaba a patrullar. Me pareció una atrocidad. Lo que hicimos fue elevar los requisitos de ingreso; comenzamos por exigir preparatoria terminada, poner especial énfasis en la evaluación psicológica y aumentar, poco a poco, el periodo de capacitación a seis meses. Se dice fácil, pero estoy hablando de multiplicar por seis el tiempo de entrenamiento y formación de 400 individuos, con todo lo que esto significa, y para los que habrían de ocupar los espacios que se fuesen abriendo, que a lo largo de tres años fueron muchos más. En el currículo había asignaturas como derecho constitucional, derecho penal, derechos humanos, manejo de armas, de radios y de vehículos, técnicas de arresto y, por supuesto, ética. Yo mismo iba a veces a la academia a impartir esta materia. Les explicaba a los elementos de nuevo ingreso, con profusión de ejemplos, que siempre debían cumplir con la ley y con los elevados preceptos de la ética universal. Les explicaba, por supuesto, lo que era ética siguiendo el concepto aristotélico: el uso correcto de las cosas, en este caso, el uso correcto del poder y la fuerza. Fuimos aún más lejos en materia de capacitación y ordenamos que todos los policías en activo, incluidos los comandantes, muchos de los cuales nunca habían pasado por la academia, asistieran a cursos de actualización. Vimos, con sorpresa y satisfacción a la vez, a policías viejos, experimentados, retomando o tomando por primera vez la ruta escolar y asistiendo a clases. A través de estos procesos de capacitación y mediante exámenes de conocimientos, aptitud física, pruebas psicológicas y de detección de consumo de drogas pudimos hacer una buena depuración. Aquí estuvo la clave del éxito de la policía municipal de Zapopan, colocar el mayor esfuerzo en el más importante de todos los recursos, el de los hombres.

Nuestra Academia de Policía llegó a tener muy buen nivel y prestigio. Reconociendo que el tema de seguridad no tiene fronteras, la compartimos con otros municipios y tuvimos en nuestras aulas a policías de Tepatitlán, Autlán, Tala, Tequila, Acatlán de Juárez y hasta de la ciudad de Aguascalientes. Eran municipios tanto del PAN como del PRI. Yo no hacía distingos partidistas, cosa que no agradaba mucho a los mandos del partido al que pertenecía entonces.

Tuve especial cuidado en la selección y supervisión de los comandantes. Todas las semanas me reunía con ellos, una o dos veces, para valorar cómo iban las cosas. Revisábamos las estadísticas, incidencias y reportes zona por zona. Removía de inmediato al que obraba mal y promovía a cargos superiores a los buenos elementos, a los que hacían servicios relevantes y mostraban honestidad en todos sus actos. Aun así a estos los mantenía bajo escrutinio constante. Como director de la policía nombré primero, siguiendo la costumbre, a un militar retirado. Era buen hombre, correcto y cumplidor. Me ayudó mucho en el arranque, sin embargo, con el tiempo aprendí que la seguridad pública municipal, que es eminentemente preventiva, no es asunto de militares, quienes tienen criterios diferentes, así que hice un cambio y nombré a un policía de carrera que, con un equipo de buenos segundos mandos, continuó exitosamente la tarea.

En cuanto a los policías en particular es muy importante cuidar su reconocimiento y remuneración económica. Tienen jornadas de trabajo muy duras en todo sentido, con frecuencia peligrosas, arriesgan su vida todos los días y viven rodeados de temores y sobresaltos. Es justo y motivante que se les pague un buen salario y cuenten con elevadas prestaciones. Lo primero que hice cuando comencé mi gestión fue aumentarles el sueldo. El primer año, en 2001, mientras la burocracia del ayuntamiento recibió un aumento de sueldo de 11%, a la policía se le incrementó en 30%. Todavía se recuerda en Zapopan ese acontecimiento; me lo dicen en la calle los policías viejos cuando me los encuentro. En total, a mediados de 2003 los policías de este municipio ganaban 51% más que al inicio de la administración. Y ganaban, por supuesto, mucho más que los agentes de los municipios vecinos. Uno de esos alcaldes me reclamó diciéndome que había puesto el mal ejemplo y que ahora ellos tendrían también que aumentar las percepciones de sus elementos. Se dio de igual manera el curioso fenómeno de que policías de otros municipios quisieron migrar al nuestro. Este aumento salarial estuvo acompañado de otras prestaciones muy oportunas como un incremento al seguro de vida y becas escolares para los hijos.

También se estableció un premio en efectivo para aquellos elementos que hubieran realizado un servicio destacado. Destinábamos para ello hasta $60 000 mensuales, de los de entonces, variando la cantidad dada a cada policía según la circunstancia. Los entregábamos junto con un diploma en ceremonias públicas con presencia de periodistas y presidentes de juntas de vecinos. A veces lo hacíamos en la Academia en el transcurso de ceremonias de graduación de los nuevos elementos para que sirviera de ejemplo. También hubo ocasiones en que tuvimos que entregar los premios en privado, en mi oficina, sin más testigos que el jefe de la policía y el administrador. Esto sucedía cuando el servicio había sido contra una célula del crimen organizado que seguramente hubiera intentado tomar represalias de conocer los nombres de los agentes de los habían denunciado. Ya conocíamos su crueldad y cobardía.

A pesar del esfuerzo que realizamos por mejorar la policía municipal, debo reconocer que en el aumento de los niveles de seguridad del municipio tuvieron que ver otros factores. En particular, el mejoramiento del entorno ayudó a fortalecer el tejido social y a que la gente, viviendo en un ambiente más favorable, naturalmente conviviera mejor con sus vecinos y se acercara un poco más a la cultura de la legalidad. Parques cuidados con esmero, calles limpias y bien iluminadas, obras públicas cuidadosamente programadas y concluidas —y decididas con sentido común— y escuelas restauradas tuvieron mucho que ver. También fueron muy importantes la promoción del empleo y las facilidades para abrir nuevos negocios de todo tamaño. Allí empecé a comprender que la seguridad pública no depende de la policía sino de gobiernos que hagan bien su tarea, que mejoren el entorno y promuevan algo tan trascendente, y tan escaso en México, como la justicia social; oportunidades para todos.

Lo más importante sin embargo fue mi actitud como presidente. Se trataba simplemente, como era mi obligación y mi vocación hacerlo, de cumplir y hacer cumplir la ley, sin excepción alguna; esta fue la clave del éxito. Ponía el ejemplo y daba expresamente la orden de hacer las cosas conforme a derecho siempre. Fue esto lo que hizo la diferencia. Cierto día del año 2001 uno de mis hijos tuvo un accidente de tránsito en el que hubo un lesionado. Fue detenido por la policía municipal de Zapopan y llevado ante un agente del ministerio público adscrito a la Cruz Verde, dependiente de los servicios médicos del ayuntamiento. Como marca el protocolo allí había sido llevado el lesionado también. Mi hijo permaneció detenido por un lapso de diez horas aproximadamente. Una vez que llegaron los representantes de la compañía de seguros y, viendo sus gastos médicos cubiertos, el afectado se desistió de cualquier querella de orden penal, mi hijo recuperó su libertad. Durante ese tiempo, que fue sumamente incómodo y preocupante para mi esposa y para mí, y para mi hijo también, por supuesto, recibí varias llamadas que pretendían realizar alguna gestión para liberarlo. Hasta el secretario particular del gobernador en turno, importuno y obsequioso, llamó para ofrecerme tramitar su liberación. A todas me negué y esperé a que transcurrieran los tiempos y se dieran las condiciones marcadas por la ley. Un accidente y una detención no son recuerdos agradables. Los menciono para mostrar mi actitud y dejar claro que mi indicación y ejemplo como presidente a la policía y los jueces municipales fue la de no hacer ninguna excepción en cuanto al cumplimiento de la ley. No es ningún acto de heroísmo; las cosas deben ser simplemente así.

Con el tiempo, policías y comandantes afirmaban sentirse satisfechos cuando los infractores que detenían eran llevados ante un juez municipal o ante el ministerio público y recibían su castigo como marca la ley, en vez de dejarlos libres con facilidad, como sucedía en otras administraciones y, por lo que veo, sigue sucediendo. Una práctica contraria los desalienta y desanima en el cumplimiento de su deber y da lugar a una cadena de impunidades. Basta con que un presidente municipal ordene dejar libre a alguien por favoritismo y sin motivo legal para que todos hagan lo mismo, desde el jefe de la policía hasta el último elemento. Antes así sucedía en ese municipio. Era suficiente con que el presidente, un regidor, un periodista o un político con influencia hiciera una llamada, o lo decidiera arbitrariamente el jefe de la policía, para que un delincuente quedara libre y los policías, después de realizar una persecución o un arresto complicados, quedaban vergonzosamente pintados en la pared, frustrados y desmotivados para seguir cumpliendo con su deber. Y conminados por el mal ejemplo a hacer lo mismo.

Cuando llegué como presidente a Zapopan descubrí la manera caprichosa como el jefe de la policía de la anterior administración liberaba a los detenidos. Era tan torpe que lo dejó por escrito y aún conservo los reportes. Se leen frases como: "Al ingresar éste (el detenido) el Director hizo que se cambiara el folio (el reporte) de los policías y lo dejó libre"; "Liberado por orden del Director con la explicación de que era muy poco el producto (droga)"; "Lo liberó sin explicación y se quedó con el oficio y las armas"; "Los liberó aun cuando el Juez Determinador ya había confirmado su responsabilidad en la riña"; "No se pudieron remitir ya que el Director los liberó directamente de sus celdas sin explicación". Quedan allí ignominiosamente para el registro de la historia.

Esta actitud mía, que desde un principio fue conocida por todos, no fue seguida por algunos de los que me rodeaban o me conocían, quienes obraban en sentido contrario. Recibíamos también presiones de muchos orígenes. La consigna era que cuando se presumiera que un detenido tenía una relación importante de tipo político o económico se apresuraran los trámites y con rapidez se le multara o consignara ante la fiscalía competente, según el caso. Con esto desarmábamos las presiones antes de que llegaran. En cierta ocasión, la policía detuvo a un presidente municipal del norte del estado con un arma de fuego de alto calibre fajada al cinto. Me lo imaginé como Don Perpetuo del Rosal, el personaje de *Los Supermachos*, de Rius, que era el abusivo y prepotente presidente de San Garabato de las Tunas, cargando siempre su pistola. El detenido era del PRI y de inmediato uno de los regidores de ese partido me llamó para que lo dejara libre. No hice caso y di órdenes de que fuera entregado a la Procuraduría General de la República (PGR), pues era un delito federal. En este caso la falta la cometió uno de nuestros comandantes.

En lo que discutíamos con el regidor nuestro elemento se dejó impresionar por la investidura del detenido y lo dejó ir. Lo tuvimos que sancionar después. Otro día una de nuestras patrullas detuvo a uno de los herederos de una de las familias más ricas y poderosas de Zapopan. Ya había amanecido y se le encontró en un vehículo estacionado en la Avenida Patria, en estado de ebriedad o drogado, teniendo actividad sexual con otro tipo. Bueno, se trataba de una *fellatio* en la vía pública; nuestros patrulleros prescindieron del latín y describieron tan peculiar actividad en sonoro castellano en el parte de policía que entregaron en la comandancia. Fue detenido y no se le liberó hasta que pagó las multas correspondientes. Sus familiares me llamaron a mí y a todos sus demás conocidos en el ayuntamiento para pedir su exoneración sin encontrar respuesta favorable. Nunca me lo perdonaron; fue una afrenta a su poder, que creían inconmensurable, y una vergüenza para su familia, muy católica y conservadora. Eran dueños de un periódico que en venganza no dejó de criticarme con cualquier pretexto durante los siguientes meses.

Hubo ocasiones en que nos quisieron presionar del gobierno del estado, que era del mismo partido al que yo pertenecía entonces, el PAN, que ya en esa época había comenzado su decadencia en Jalisco. En mayo de 2003 la policía detuvo en un vehículo muy lujoso al hijo de un conocido empresario del espectáculo. Iba armado con una pistola calibre 0.380 cuya portación está prohibida por las leyes federales. Se trataba de un muchachito prepotente e irresponsable al que encarcelamos con mucho gusto. Ya era la tercera ocasión que se le detenía por el mismo motivo y en las dos anteriores alguien vinculado al gobierno estatal, sin enterarme yo, había intercedido por él aduciendo un supuesto trámite de portación de armas. Esta vez no le hicimos caso y lo consignamos a la PGR. Salió libre el mismo día. Más tarde su desvergonzado padre, quien seguramente tenía vínculos con la delincuencia organizada, llamó al comandante que lo había arrestado para amenazarlo. Le dijo cosas como: "Tengo arreglos con la PGR y más tardan ustedes en agarrarlo que nosotros en sacarlo…, cuida a tu familia". Humanamente hablando no puedo sentir más que desprecio por estos individuos y sus cómplices en las esferas oficiales. Al comandante, que quedó con toda razón muy preocupado, tuvimos que brindarle protección adicional durante varias semanas.

En junio de 2001 cuatro policías de nuestra corporación hicieron un buen servicio, como se dice en el argot. En la colonia Jardines Vallarta detuvieron un vehículo Golf color gris que circulaba con placas sobrepuestas que en realidad pertenecían a un Chrysler Spirit, y cual tenía reporte de robo. Al mismo tiempo detuvieron un BMW rojo que circulaba con permiso provisional y que, al parecer, servía de escolta al primero ya que iban en convoy. Al revisar el primer automóvil encontraron en la cajuela 15 paquetes de cocaína de alrededor de un kilogramo cada uno y varios fajos de billetes que sumaban 4 540 dólares. Los detenidos confesaron que venían de una casa cercana de la misma colonia en la que había más droga. Los agentes de Zapopan acudieron a ese lugar, ya entonces acompañados de un agente del ministerio público federal y varios oficiales de la PGR que habían sido llamados. Allí encontraron a otro grupo de traficantes que, al ver a los agentes, comenzaron a arrojar varios paquetes con droga a un aljibe. Aun así se decomisaron 43 de estos bultos, cuatro bolsas de medio kilogramo cada una de granulado para realizar la base y una báscula electrónica, además de varios objetos relacionados con la comercialización de estupefacientes. En total, se decomisaron casi 60 kilogramos de cocaína y hubo cinco detenidos, quienes quedaron en manos de la PGR por delitos contra la salud y delincuencia organizada. Fueron puestos a disposición de un juez federal; la prensa dio amplia cobertura a la captura de estos tipos y yo quedé muy satisfecho por este buen operativo. Pero lo que nunca dijeron los medios es que unas semanas después cuatro de estos sujetos quedaron libres "por falta de elementos para procesar", como decía el expediente, y el quinto —siempre hay uno que se declara culpable— recibió, por parte del mismo juez, una blanda sentencia de seis años de prisión. Sus abogados apelaron esta sentencia, así que lo más probable es que haya quedado libre al poco tiempo. A los heroicos policías zapopanos que realizaron este eficaz operativo tuvimos que esconderlos y brindarles protección especial porque los delincuentes que liberó el corrupto juzgador del Poder Judicial de la Federación los amenazaron de muerte. Esa barbaridad me provocó uno de los más grandes disgustos de mi administración. Todavía me recuerdo echando madres en mi oficina cuando fue a decírmelo el jefe de la policía.

En otro caso, tiempo después, dos policías de nuestra corporación arrestaron a un sicario que iba fuertemente armado. Como era nuestra obligación hacerlo, se puso a disposición del ministerio público federal y se siguió el procedimiento que marca la ley. Más tarde llegó un oficio a la sede de la policía, fechado y foliado adecuadamente, con los sellos de la PGR y la impresionante rúbrica —por grande y elegante— de un agente del ministerio público federal. Iba dirigido al C. Director de Seguridad Pública Municipal de Zapopan y decía así:

"ASUNTO. CITATORIO A ELEMENTOS APREHENSORES.

"En cumplimiento al acuerdo de esta fecha, dictado dentro de la indagatoria al rubro señalado, deberá ordenar la comparecencia ante esta representación Social de la federación, con carácter de URGENTE, de quienes intervinieron en los hechos que denunció mediante oficio número 2057/2003 de fecha 03 del mes de marzo del presente año (2003); dichos elementos deberán presentarse el día 04 del presente mes y año a las 11:00 horas, y que señala en el mismo, lo anterior a fin de satisfacer lo previsto por el artículo 16 Constitucional, quienes deberán presentarse a la brevedad en estas oficinas, en el entendido de que los elementos que señala en su oficio son los siguientes..."

Y después de un apercibimiento el escrito concluía con la siguiente frase: "ASIMISMO LOS ELEMENTOS DE LA POLICÍA SE DEBERÁN PRESENTAR CON SU INFORME DONDE RELATAN LA DETENCIÓN QUE LLEVARON A CABO".

El problema fue que, habiendo citado a los policías a las 11 horas del 4 de marzo para que declararan y con base en esa declaración se pudiera seguir un procedimiento en contra del delincuente, el oficio fue recibido en nuestras oficinas a las 13:15 horas del mismo día, cuando ya había concluido la audiencia. Fue un vil truco del rata fiscal federal —perdón, no se me ocurre otra palabra— para que no se tomara la declaración de los aprehensores y poder así dejar libre al pistolero, tal como sucedió.

Al día siguiente, el 5 de marzo de ese año de 2003, un miércoles, asistí en Guadalajara a una reunión de trabajo encabezada por el gobernador del estado y el procurador general de la república, Rafael Macedo de la Concha. El fiscal de la nación había venido de la Ciudad de México con un séquito de colaboradores para sostener esa junta. Citaron a altos funcionarios del gabinete estatal y a los presidentes municipales de la zona metropolitana. Se trataba de evaluar las actividades de esa dependencia federal en nuestro estado, sobre la que había innumerables quejas, y proponer compromisos y soluciones. Recuerdo a todos muy serios y formales, alrededor de una gran mesa en Casa Jalisco, tomando café y galletas y conversando en voz baja. Comenzaron las intervenciones y aproveché la circunstancia para quejarme ante el procurador, con poca diplomacia, por el citatorio amañado que habíamos recibido dos días antes y que impidió que un delincuente fuese procesado. Llevaba copia y se la entregué en ese momento. Y agregué que en Zapopan veíamos con frecuencia que los agentes del ministerio público federal liberaban, por medio de todo tipo de artimañas, a delincuentes sin motivo legal. Entre 2001 y 2002, dije, consignamos ante la PGR a poco más de 6 300 presuntos delincuentes, casi todos ellos por narcotráfico, por portar armas prohibidas, o por ambos delitos, pero nunca supimos oficialmente el destino que tuvieron. Es más, a muchos de ellos los veíamos libres a los pocos días, continuando impunemente con su carrera delictiva. El procurador se dio por enterado de mis quejas y se comprometió a mejorar el desempeño de su dependencia en Jalisco. Por unos meses vimos algún progreso, pero duró poco. Fiscales y policías federales volvieron sin recato a comportarse como siempre. Con el correr de los años he visto que esta institución se ha sofisticado en sus vicios y poco ha ayudado a la justicia en México.

La visita del procurador Macedo de la Concha era consecuencia de un escándalo suscitado dos semanas antes, cuando tres policías municipales de Zapopan arrestaron a cuatro individuos armados que venían de Culiacán. Los sujetos fueron interceptados por una patrulla debido a una infracción menor cuando circulaban por la transitada Avenida Patria. Cuando fueron sometidos a revisión se encontró que llevaban fajadas a la cintura armas de fuego, de esas con chapa de oro, y que además portaban 4.5 g de cocaína, 100 pastillas de Rivotril (clonazepam) y 2.3 g de mariguana. Al parecer integraban la escolta de un narcotraficante importante, de los que se han ido a vivir a la zona metropolitana de Guadalajara. Se conjugaban allí varios delitos federales. Como procedía los consignamos ante la PGR, pero el agente del ministerio público los dejó salir en unas cuantas horas. Me enojé mucho y despotriqué por todos lados, en particular frente a la prensa. Me sentí muy mal como presidente porque, después del gran esfuerzo que veníamos haciendo para mejorar la seguridad del municipio, de repente llegaba la PGR y estropeaba todo.

Por ese incidente el procurador vino a Jalisco y ordenó a la Fiscalía Especializada en Delitos Cometidos por Servidores Públicos de la PGR realizar una investigación a fondo. Se encontró una gravísima responsabilidad por parte del fiscal que los había liberado y se le dictó orden de aprehensión. Deseo que haya pagado cara su afrenta con mucho tiempo en la cárcel. Por esos días corrió el rumor de que toda la negociación para que los sicarios quedaran libres había costado 85 000 dólares, que habían sido repartidos entre diversos funcionarios de todo nivel. Lo triste de este caso es que el fiscal responsable provocó en algún momento del procedimiento, con dinero o con amenazas, o con ambas cosas, que nuestros tres policías cambiaran su testimonio para poder dejar libres a los pistoleros. Cuando rindieron su declaración ante la autoridad federal se contradijeron y, a diferencia de lo que habían anotado en su parte policial original, que estaba en nuestras manos, declararon que "procediendo de inmediato a revisarlos sin encontrarles nada en su persona…, pero al revisar la cajuela posterior del carro se encontraron…, dentro de una pequeña mochila de color negro, las armas de fuego, pastillas psicotrópicas y enervantes…". Fue un verdadero complot entre diversos servidores públicos, incluyendo tres nuestros, para evadir la justicia. Lo bueno es que la denuncia que se hizo desde el ayuntamiento de Zapopan impidió que este penoso asunto quedara impune. Y el castigo a nuestros policías dio una muestra más de ejemplaridad para los demás elementos de la corporación. Por un lado, les brindábamos un respeto como nunca habían recibido y les aumentábamos sueldo y prestaciones. Pero, por otro, no dejábamos pasar una sola infracción. Fue esta una de las claves de nuestro éxito.

Fue constante en aquellos tiempos mi enfrentamiento como presidente municipal con otras autoridades por los temas de seguridad y corrupción. En todos lados veía yo, tal vez con algo de paranoia, complacencia, encubrimiento y complicidades. Tal vez fui impolítico, pero la verdad es que me indignaba sobremanera, como me sigue indignando hasta la fecha, cualquier corruptela, en particular aquellas relacionadas con la seguridad pública. A través de los medios y en discursos oficiales los acusaba y criticaba con frecuencia. Denuncié penalmente, por ejemplo, a dos corruptos magistrados del Tribunal Administrativo del Estado de Jalisco por conceder fuera de la ley suspensiones de actos de autoridad, y presumiblemente habiendo recibido un soborno, para proteger negocios que en Zapopan se establecían de manera ilegal. Estaba tan molesto que yo mismo fui a presentar la denuncia de hechos de orden penal. Comenzaba entonces esta forma de abusar de los recursos administrativos para violar reglamentos municipales, mala práctica que a estas fechas se ha convertido en un vergonzoso negocio para magistrados, abogados y empresarios. Este par de pillos otorgó una suspensión del acto reclamado a favor de los dueños de un *table dance* que se había establecido ilegalmente en una zona residencial. Los vecinos se quejaron de inmediato y en el ayuntamiento los escuchamos y atendimos con diligencia. La procuraduría del estado actuó correctamente en este caso, valoró las pruebas que presenté y pidió al Congreso de Jalisco el desafuero de estos magistrados para poder procesarlos. No se pudo lograr porque la fracción del PRI, que tenía mayoría, los protegió con su voto. Eran de los suyos. Y así fue como siguieron, y sigue hasta la fecha al menos uno de ellos, medrando por allí. El PRI dio una muestra más de su irreparable vocación por la corrupción y el latrocinio.

Coincidiendo con estos hechos, el periódico *Mural* de Guadalajara publicó el 7 de abril de ese año de 2003 el siguiente encabezado: "Reprueban jueces evaluación nacional. Revelan estudios que funcionarios judiciales de Jalisco salen mal calificados en calidad profesional y resoluciones". Varias instituciones llevaron a cabo un estudio sobre la calidad de los servicios judiciales en toda la república mexicana: la agrupación civil UNETE, el Consejo Coordinador Empresarial (CCE), el Instituto Tecnológico Autónomo de México (ITAM) y el Banco Mundial (BM). Jalisco salió, para sorpresa de nadie, reprobado. En una escala de 1 a 10, calificaron con 4.4 en calidad profesional, 5.3 en calidad de resoluciones y 6.22 —aprobando de panzazo— en imparcialidad de las sentencias. Yo hice propias estas conclusiones y, mencionándolas ante la prensa, critiqué duramente al poder judicial del estado. El presidente de ese poder intentó defenderse ante los medios; dijo que esa calificación se debía a la gran cantidad de expedientes que tenían que estudiar, y todavía se atrevió cínicamente a descalificar a las instituciones que realizaron el estudio en vez de reconocer sus fallas y proponer o intentar alguna enmienda. Dijo además que esas declaraciones en contra de la institución que él presidía eran una consigna política, lo cual no es sino la vieja excusa de siempre. También la Confederación Patronal de la República Mexicana (COPARMEX) se sumó a las críticas y mostró los resultados de una encuesta realizada al azar entre sus miembros. Se descubrió que en 44% de quienes tramitaron un asunto ante los tribunales del estado hubo un funcionario que les solicitó dinero. Y se agregaba que los ciudadanos afectados no se atrevían a denunciar por miedo a represalias o a perder el juicio. En fin, nosotros en el ayuntamiento tirando la cuerda de la justicia para un lado, y el sistema jalando para el otro. Por eso seguimos igual o peor.

Todas estas experiencias que tuve como presidente municipal me sirvieron años después para participar en otras instituciones de seguridad pública y seguridad nacional. En cuanto a Zapopan, esa buena fama que alcanzó el ayuntamiento por tener los más elevados niveles de seguridad y "la mejor policía de México" terminó abruptamente con el cambio de administración. El 1 de enero de 2004 entró a gobernar una nueva administración en manos del PRI. Lo primero que hicieron en materia de seguridad fue destituir a los buenos comandantes que nosotros habíamos formado, y poner la corporación en manos de un equipo de gángsters. A partir de allí el diluvio. La policía de Zapopan no se ha vuelto a levantar.

4

Policía de Guadalajara: chambismo y palancas por detenidos; escoltas y negocios

SIEMPRE HE PENSADO que uno de los grandes problemas de la vida pública de México es la mezcla entre la política partidista-electoral y la administración pública. No ha habido el conocimiento, ni la madurez ni mucho menos la voluntad de separar con inteligencia estos dos ámbitos diferentes de gobierno: la forma de elegirlo y la forma de ejercerlo. En otros países se ha establecido en los gobiernos un servicio civil de carrera que permite que los funcionarios públicos sean designados por su capacidad y honestidad, y no por favores políticos o parentesco, ni menos por haber participado en campañas electorales repartiendo folletos, organizando eventos o formando parte del séquito de un candidato. O por dar dinero. Bajo las mismas premisas se mantienen en su puesto y eventualmente ascienden o son destituidos cuando no dan los resultados esperados o se comportan de forma deshonesta. Es común ver que gobiernos —a veces de ideología muy distinta— van y vienen, y los servidores públicos continúan en sus puestos, sujetos únicamente a sus propias capacidades y resultados. Esto permite tener un servicio público profesionalizado, seleccionado de manera adecuada y destinado exclusivamente a servir a los ciudadanos, que es justo lo que ellos merecen. En esta circunstancia se da, además, la sana continuidad de proyectos, programas e inversiones. Una vez conocí a un alcalde francés, del Partido Socialista, que recientemente había sido elegido para su puesto. Derrotó en las elecciones al partido contrario, que llevaba treinta años en el poder. Me contó que sólo llegó con cinco colaboradores a su nuevo cargo. El resto de la burocracia del gobierno municipal siguió en su puesto. Me lo dijo todo tan campante, tomando como normal un hecho que en México parecería inusitado.

Lo contrario sucede cuando, como aquí en México, la política electoral se mezcla y se confunde con las designaciones de la administración. Cada vez que comienza su administración un nuevo gobierno local o federal se cometen injusticias laborales o se pagan costosísimas indemnizaciones, o ambas cosas. Al momento de escribir esto hay en Jalisco, por ejemplo, laudos arbitrales por varios cientos de millones de pesos que los ayuntamientos y el gobierno del estado deben pagar, y no tienen con qué hacerlo, y muchas veces ni por qué. Se desperdicia experiencia y se pagan altísimos costos en el aprendizaje de los nuevos que llegan. Y lo peor: se contaminan precampañas y campañas con las ofertas de empleo. De esta manera no siempre llegan a postularse los mejores candidatos sino los que tienen más clientela o mejor capacidad para negociar, como si la política fuera un tianguis. De hecho, la convierten en un tianguis. Muchos de los candidatos recientes en Jalisco —con el ostensible apoyo de sus partidos— no tienen otra capacidad que la muy cuestionable de negociar, de hacer amarres y repartir con delicado equilibrio puestos entre diversos grupos e individuos. Por eso hemos tenido tan malos gobiernos. Gobiernos a los que gobernador y presidentes llegan con las manos amarradas a través de inenarrables compromisos. No gobiernan los mejores sino los más mañosos, o los más dejados; individuos que con tal de llegar al poder aceptan todo tipo de condiciones. Y, por supuesto, gobiernan mal. Así, cada tres o cada seis años se detiene la administración pública y vuelve a arrancar a trompicones; se reinventan estados, municipios y república. Los ayuntamientos y los gobiernos estatales se convierten en bolsas de trabajo, casas de contratación, agencias de comisionistas. Y la ciudadanía contempla nada más, impasible, la danza de las chambas y los negocios.

En mi concepto, el servicio público no es un empleo, no es una chamba más. Es un servicio muy importante que, al desempeñarse en beneficio de toda una sociedad y pagado por esta, conlleva deberes éticos fundamentales. Además debe realizarse con toda eficacia, honestidad y responsabilidad y acompañarse de un impecable ejemplo de vida. De ese servicio dependen el bienestar y la felicidad de millones de seres humanos. Cuando las decisiones en torno a nombramientos y designaciones se contaminan con las contiendas políticas se alejan de estos elevados conceptos.

Poco antes de tomar posesión de mi cargo como director de Seguridad Pública comedidamente le dije a presidente Petersen lo siguiente:

—Oye, Poncho, en cuanto al nombramiento de comandantes y demás operativos, como son áreas muy delicadas y de mucho riesgo, me voy a permitir proponerte algunos nombres.

—No —me interrumpió—. Tú no me vas a proponer nada, ¡tú los vas a nombrar! Déjame a mí sólo los nombramientos del área administrativa.

Le agradecí la manera en que me facilitaba el camino pero, sobre todo, la confianza que me estaba dando. Tener gente honesta y confiable en los mandos de la policía no sólo era imprescindible para el buen manejo de la corporación, sino también para mi seguridad personal. No hay cosa peor que tener los enemigos en casa; peor en este tipo de instituciones porque también va de por medio la vida de uno. La idea era deshacernos de los malos comandantes, que eran la mayoría, y tomar, preferentemente de la misma corporación, gente buena para sustituirlos. Tal vez esta acción contradiga lo que he escrito en el primer párrafo de este capítulo en cuanto a la necesidad de un servicio civil, pero en esta circunstancia, y a falta de mecanismos claros de selección y promoción, se trataba de investigar a todos, deshacernos de los malos y nombrar en su lugar a quienes tenían méritos para ejercer decentemente los puestos de mando en una corporación que necesitaba con urgencia esos cambios, e iniciar con ellos un verdadero servicio civil de carrera policial.

El doctor Petersen me facilitó sin duda el trabajo para reordenar y conducir la policía municipal de Guadalajara hacia niveles más elevados de efectividad y decencia. Siempre respetó mis criterios y jamás pretendió recomendarme a nadie para ocupar un puesto de mando. Habitualmente sucede lo contrario, y los presidentes municipales en lo particular y la clase política en lo general meten mano en las designaciones de los mandos policiacos a fin de cumplir con compromisos políticos, hacer negocios e incluso proteger redes delictivas.

Recuerdo que hace años tuve una conversación muy reveladora con otro presidente municipal de Guadalajara, del PAN también. Ya entrado en confianza me atreví a preguntarle las razones por las que había nombrado a su jefe de policía, un personaje simiesco conocido por su proclividad a la corrupción y la violación de los derechos humanos y sobre quien había fundamentadas sospechas de que protegía al crimen organizado. El presidente se encogió de hombros, como si ese gesto lo eximiera de las culpas, y me contestó: "Pues a mí me lo recomendaron, y me dijeron que si quería dormir tranquilo lo nombrara; así que lo nombré y vieras qué tranquilo duermo desde entonces…".

El presidente municipal del que hablo seguramente la pasó muy tranquilo y durmió muy bien durante el tiempo que estuvo en su cargo, pero no creo que los habitantes de Guadalajara pudieran decir lo mismo, a los que teóricamente debía servir. De su periodo queda el recuerdo de una policía corrupta e indisciplinada que se dedicaba más bien a enriquecerse y proteger a delincuentes que a cuidar de la ciudad. Se recuerda de ese periodo un régimen policiaco en el que las cadenas de cuotas llegaban hasta arriba y, como al bañarse con jícara, como se dice que dicen los del PRI, salpicaban a todos. Había una seguridad pública ficticia en la que frecuentes demostraciones de fuerza y simulado control —con fines estadísticos y mediáticos— de los delitos de alto impacto encubrían en realidad una criminalidad endémica que contaminaba todos los estratos de la sociedad.

La caballerosidad y corrección política del presidente Petersen contrastaron con la mezquindad y perversidad de la clase política. En cuanto se supo que yo iba a ocupar ese cargo me empezaron a llegar llamadas de regidores —los detesté—, diputados —también los detesté—, locales y federales, y demás políticos recomendándome a sus protegidos para entrar a la policía, pretendiendo saltarse los requisitos exigidos por la norma, la necesidad de tener buenos antecedentes y las pruebas de evaluación, incluyendo el importantísimo examen psicométrico. Si estaban ya dentro de la policía lo que pedían entonces era un aumento de sueldo, un ascenso o un cambio de adscripción para sentirse más cómodos. Todo dentro de la lógica infame del reparto del poder y sus privilegios. Cada regidor del ayuntamiento tenía su lista de seguidores e incondicionales que a toda costa quería colocar en puestos de la administración o, si pertenecían a ella, promoverlos para ganar más o tener más poder. Esto sin importar sus capacidades, o la falta de ellas, que era lo más frecuente, o su honestidad, cuya carencia era también muy común. A quien me llamaba —gente que llegué a despreciar profundamente y sigo despreciando— lo imaginaba como alguien que quiere exprimir hasta la última gota su espacio de poder y de las instituciones a las que tiene acceso. Recuerdo que en cuanto me anunciaban la llamada de un regidor o un diputado me ponía de malas pues adivinaba cuáles eran sus intenciones; nunca me equivoqué. Jamás me llamó ninguno de estos funcionarios para algo constructivo.

Lo peor del caso es que la gran mayoría de los recomendados eran unos "lacras" o "lacrotas", términos que usamos en el medio policiaco para describir a los tramposos y delincuentes, a la gente de la peor ralea. Casi todos tenían un pasado de lo peor, algunos incluso con antecedentes penales. Pude rechazar a la gran mayoría; en pocos casos se solventaron las dudas. Me llamaban principalmente políticos del PAN y el PRI. Los primeros por sentirse privilegiados de pertenecer al partido en el poder y querer recibir su parte alícuota del mismo. Cada regidor del PAN, por ejemplo, se sentía con derecho a cierto número de plazas en la administración y las reclamaba. Se la pasaban chantajeando al presidente con eso. Considero que el presidente Petersen tuvo una de las peores planillas electorales que en la historia contemporánea del PAN se le pudo ocurrir a sus jerarcas. Los segundos, los del PRI, actuaban obedeciendo a su natural vocación política de búsqueda del poder a toda costa. Casi siempre me negué a cumplir sus peticiones, rechazándolas directamente o, como dicen los muchachos, "dándoles el avión", aplazando su petición y no resolviéndoles nunca, algo para lo cual tengo mis habilidades. Esto me ganó muchos enemigos. Recuerdo que cuando el ayuntamiento compró, a mediados de la administración, un vehículo blindado para mi uso —como era frecuente hacerlo dada la situación del país—, un regidor del PAN a quien le había rechazado varios protegidos filtró, en venganza, la nota a la prensa con lujo de detalles y mucho morbo. Con tal de generar escándalo en mi contra y afectarme puso mi seguridad personal en peligro y dio lugar a que se me cuestionara públicamente, algo que no perdono.

Los regidores del PAN eran los peores. La mayoría eran corruptos, prepotentes e ignorantes. Consideraban que les correspondía una cuota de poder y, por tanto, de espacios en la nómina. Como en ese entonces yo era todavía militante del partido y me conocían de tiempo atrás sentían, además, que iban a conseguir mis favores con facilidad. Todo lo contrario. Conociendo bien los principios de ese partido y con la certeza de que las peticiones de estos regidores iban en contra de ellos, con más firmeza les negaba lo que pedían. Desconfiaba y ordenaba que se investigara a fondo a sus recomendados. En casi todos encontraba argumentos para no contratarlos. Uno de ellos acabó odiándome. Era parte de la perniciosa cuota de regidores que le tocó al gobernador en turno y se sentía todopoderoso. Durante semanas insistió en que recontratáramos a uno de sus protegidos a quien habíamos cesado hasta que, harto de su empecinamiento, le escribí lo siguiente en un correo electrónico respecto a su recomendado:

"Lamento decirle que su reincorporación es imposible, toda vez que su recomendado tiene pésimos antecedentes y su presencia en esta institución contradiría la actual política de depurarla al máximo.

"Como muestra le hago notar los siguientes antecedentes:
"–Arrestos: 52.
"–Faltas: 105.
"–Incapacidades: 33.
"–Retardos: 91.
"–Suspensiones: 3."

¡Quería que incorporáramos a un miserable barbaján!

A otro edil que había recomendado con insistencia a un

joven para que entrara en la academia de policía le envié, junto con la negativa, los resultados de la investigación del estudio social que motivaron su rechazo:

"Entrevistándose a cinco vecinos aledaños al domicilio del investigado, mismos que manifiestan que al parecer la familia se dedica a alguna actividad ilícita, calificándolos como una familia problemática, prepotente y agresiva, limitándose a proporcionar más información ya que temen represalias contra ellos."

¡Se trataba de una familia de vendedores de droga al menudeo! Yo estaba intentando depurar la corporación, y la clase política me presionaba para hacer exactamente lo contrario, pretendiendo que se contratara gente nefasta. A un diputado local del PAN de Tlaquepaque, que también tuvo el descaro de pedirme dos escoltas para su servicio personal, sin concedérselo, cuando presionó por escrito para que reincorporáramos a un amigo suyo que habíamos expulsado de la Academia, contesté al secretario particular del presidente:

"A este efecto le respondo que este elemento estuvo como alumno en la Academia de Policía y fue dado de baja por su bajo desempeño académico, su falta de vocación y su irresponsabilidad constante. Por lo anterior, no se le dará oportunidad de permanecer en esta institución.

"Asimismo, me permito sugerir se informe de esto al diputado que lo recomienda para que en lo sucesivo se abstenga de recomendar a gente indeseable."

Por este tipo de actitudes no me querían, ni me quieren, en el PAN.

A PROPÓSITO DE PARTIDOS y la ominosa mezcla de política y administración, al inicio de mi gestión recibí un escrito formal del Subcomité Manuel J. Clouthier (antes Santa Cecilia) del distrito 9 de Guadalajara del PAN que decía:

"Citamos los nombres de las personas que trabajaron en el reciente proceso electoral en las diversas actividades partidistas. Respetuosamente le pedimos nos apoye o recomiende un espacio en la administración pública municipal."

Era una lista de catorce nombres con sus teléfonos, catorce ciudadanos que, de buena, regular o mala fe, confundían su activismo político con la obtención de un empleo. Por supuesto que a ninguno le hice caso y en las juntas semanales de ese subcomité se la pasaron hablando mal de mí el resto de la administración y seguramente lo hacen hasta la fecha. Había un desdichado que machacaba cada semana para que le diera un puesto de trabajo e incluyó entre los documentos de su *curriculum vitæ* los comprobantes de todas las ocasiones en que fue representante del PAN en casillas electorales. ¡Participaba en los procesos electorales cuidando casillas para obtener una chamba! ¡Ganas de ahorcarlo no me faltaron! Esta actitud contradice totalmente el concepto que tengo de la política.

Los del PRI no se quedaban atrás. Había un regidor que cada semana me enviaba dos o tres oficios con sus recomendados, casi todos sin aptitudes para ser policías e incluso con malos antecedentes. Además, presumía de ser experto en materia de seguridad. Dejó su torpeza y su falta de prudencia plasmadas en docenas de documentos —¡vaya colección!— que aún conservo como una antología de lo que no se debe hacer en política. Era tan estulto que no se daba cuenta de que estaba dejando pruebas documentales de su impertinencia. Como nunca le hice caso, con el correr del tiempo me agarró ojeriza que francamente llegó a entorpecer mis funciones. Otro caso fue el de un diputado del PRI que venía de Tonalá, con fama de corrupto y corruptor, que había sido regidor en Guadalajara la administración anterior. Colocó a muchos de sus protegidos en el ayuntamiento y quería seguir favoreciéndolos. El presidente municipal anterior, un panista mañoso y beato, tenía la perversa técnica de comprar regidores de todos los colores otorgando plazas a sus protegidos y dándoles contratos y concesiones para que hicieran negocios. De esta manera, prostituyendo el quehacer político, contaba con sus favores y su voto en las sesiones de cabildo. El diputado me insistió mucho en proteger a un inútil e irresponsable elemento de guardabosques que yo pretendía despedir. Además de ser un mal empleado, ¡tenía un sobresueldo de 18 mil pesos! Recuerdo que primero llamó a la administradora de la dirección y, ante la negativa de ella, me llamó a mí. Estaba yo tan enojado durante esa llamada con el diputado que mi secretario, sentado frente a mí, me hacía señas para que me calmara. Ante mi rotunda negativa a los pocos minutos se presentó el diputado en persona en la oficina del presidente Petersen, que quedaba a una calle del Congreso, acompañado de una diputada del PRI que era hermana del interesado. Insistieron en su pretensión, presionaron o amenazaron al presidente, no quise averiguar cómo, y lo lograron finalmente, para frustración mía y perjuicio de la colectividad. Por lo menos no se le otorgó el sobresueldo. Insisto: yo tratando de limpiar la corporación y los políticos presionando para que se hiciera exactamente lo contrario. ¡Ah, cuánto los desprecio! Y así, mientras yo me empeñaba en organizar una corporación de 3400 elementos para que pudiera servir a la ciudad, la miserable clase política, mediocre y pequeña, insistía constantemente por otros flancos, distrayéndome de tareas en verdad importantes. Hasta el cardenal, a pesar de la perversa crítica que me había dirigido al inicio de mi gestión, envió una vez un oficio para solicitar que le aumentáramos el sueldo a un policía porque no podía "sostener a su esposa y cuatro hijos". Por supuesto que recibió una respuesta similar a la de regidores y diputados. El erario no tiene la culpa de que algunos católicos rechacen la planificación familiar artificial y procreen irresponsablemente. El colmo fue cuando un alto funcionario de la Procuraduría, cínico y simpático, me pidió favorecer con una mejor posición a una mujer que trabajaba como agente por la humanitaria razón que de que ¡tenía un hijo con ella! Vaya manera de querer cumplir con las obligaciones de la paternidad.

En ningún momento se debe olvidar, cuando se juzga a las corporaciones policiacas, que la responsabilidad de los nombramientos y las promociones de sus mandos está en manos de los políticos. Sobre ellos deben recaer, entonces, muchas de las culpas. En México, no tenemos figuras como el *sheriff* norteamericano, quien además de ser el encargado de la seguridad en los condados es un funcionario electo. Aquí prácticamente todos los jefes policiacos son designados por los mandatarios, y éstos deben asumir las responsabilidades cuando no lo hacen bien.

Ciertamente me daba coraje cuando me pedían chamba, pero me indignaba sobremanera cuando lo que querían era ayudar e incluso liberar a un detenido, cosa que sucedía con frecuencia. Siempre he pensado que una de las más grandes faltas de respeto a la sociedad es cuando se favorece a alguien que es detenido por la policía por el solo hecho de ser pariente o amigo de un político. Se fractura el principio de igualdad ante la ley y se genera una terrible desconfianza en las instituciones. Se da, además, un pésimo ejemplo. Si los policías observan que los jefes dan órdenes de liberar detenidos, ellos se toman la misma atribución y en sus patrullajes repiten esta conducta siempre que les reporte un beneficio. Se refuerza la impunidad, se sacrifica la vigencia del Estado de derecho. Pierde con ello la sociedad en su conjunto.

A los recomendados les iba peor conmigo. Teníamos en la policía de Guadalajara lo que yo denominaba —copiando el término de los hospitales— el "síndrome del recomendado". Cuando alguien, por ejemplo un político, me llamaba a mí o a uno de los comandantes para favorecer a un detenido, le cargábamos la mano, le iba peor, por expresas instrucciones mías. Revisábamos con atención el parte del policía que lo detuvo por si había otra conducta que imputarle como falta o delito y cuando era viable lo hacíamos con gusto y contundencia. Vigilábamos que no tuviera privilegios en los separos. Cuando por las características del detenido presentía que íbamos a recibir muchas presiones —no porque fuera a rendirme ante ellas, sino para evitarme la molestia—, lo mandábamos con celeridad al ministerio público, federal o local, o a los juzgados municipales cuando era el caso. Muchas veces en esas instancias arreglaban su situación, pero por lo menos se la hacíamos más difícil. De esta manera nos desquitábamos en nombre de la sociedad agraviada.

A veces también recurrí a la prensa. Estoy consciente de que filtrar información a los medios no es la mejor práctica, pero no había otra alternativa. Cuando las instituciones oficiales son débiles y muestran incapacidad para hacer cumplir la ley se deben dar a conocer los hechos a la sociedad. De este modo se puede provocar una indignación colectiva que ponga algún freno. No lo digo obviamente por la institución policial que yo comandaba, sino por las demás autoridades, tanto del propio ayuntamiento como del estado, cuando las veía con poca vocación de hacer bien las cosas. A través de mi jefe de comunicación, y en ocasiones directamente yo, revelaba a los medios detalles de la detención de alguien emparentado con la clase política y la intención de que se quería interceder para protegerlo. Con esta medida sagaz logré en varias ocasiones impedir que en los juzgados municipales o en el ministerio público se favoreciera indebidamente a alguien por la simple razón de que los medios ya estaban en alerta. Los reporteros de la fuente policial, por cierto, se ponían felices y gustosos, se convertían aliados nuestros cuando les pasábamos este tipo de notas. La nuestra era casi la única institución donde se les trataba con veracidad y respeto. Veían que, a diferencia de las demás instituciones, nosotros sí queríamos hacer bien las cosas. Los considerábamos parte del esfuerzo colectivo por la seguridad pública en cuanto a la necesidad de informar a la ciudadanía sobre lo que estaba pasando y dejar a su vez la enseñanza de que el mal comportamiento tiene sus consecuencia y debe rechazarse. Lo contrario sucedía con la Secretaría de Seguridad del estado, por ejemplo. Allí los periodistas que no se dejaban comprar y decían verdades y hablaban mal de los jefes eran amenazados. Más de uno fue despedido de su trabajo. En más de una ocasión, con verdadero miedo, me lo platicaron. Eran malos los de esa secretaría.

Una vez un regidor del PAN, de escasa inteligencia y menor moral, me llamó para pedirme que liberara a un sobrino que había sido detenido por tomar alcohol en la calle. Cuando le dije que no y me preguntó qué podía hacer entonces le contesté: "Que pague la multa y ya". Así lo hizo, como manda la ley, y el responsable salió libre en unas horas. No había necesidad de que me llamara. Apenas estaba comenzando la administración y tal vez en su pequeñez quería demostrar a su familia algo del poder que creía que detentaba. Conmigo encontró pared y arruinó su prestigio para siempre. En otra ocasión una regidora del PRI me llamó para solicitarme que liberara a un detenido por portación de arma de fuego. Igual, al preguntarme qué podía hacer le respondí que se buscara un abogado. Imagínense lo que habrían de sentir y pensar los policías bajo mi mando si recibiesen la orden mía de liberar a un detenido por portación de arma de fuego. Además de desmotivarlos en su trabajo, se sentirían con el derecho de hacer lo mismo cada vez que se les antojara o les conviniera. En otras épocas era común para los policías escuchar por la radio a sus jefes ordenándoles "Dejar 91 (sin efecto) un servicio", esto es, liberar a los detenidos. Me contaban que con cierta frecuencia, en la administración anterior, siguiendo estas instrucciones dejaban ir a todo tipo de delincuentes y a veces hasta camionetas enteras con varios individuos que portaban armas largas. Conmigo jamás ocurrió esto, al contrario.

Un líder sindical que era regidor del PRI, gordito y dicharachero, me llamó en febrero de 2007 para interceder por un miembro de su sindicato que había sido arrestado la noche anterior. Cuando pedí la ficha, me enteré de que el detenido, en estado de ebriedad, se había subido con su coche a un camellón. Cuando los policías llegaron a arrestarlo los golpeó y les rompió los uniformes. Por supuesto que no lo dejamos salir, aun cuando el regidor, con simulada inocencia, ofreció pagar de su bolsa los uniformes de nuestros elementos. Como que el sindicalismo oficialista vuelve cínicos a sus dirigentes. Este mismo regidor, en otra ocasión, pidió que liberaran a cuatro de sus protegidos. Habían sido detenidos por personal de guardabosques en la Unidad Deportiva Morelos por ingerir alcohol en el parque y por faltas a la moral. Simplemente no entiendo, ni mucho menos acepto, este sindicalismo insolente y solapador. Tampoco en esta ocasión le hicimos caso.

En cierta ocasión otro regidor del PRI intercedió por un tipo que no tenía más mérito que ser familiar de un diputado de su mismo partido originario de Zapopan. Fue arrestado por mostrar sus genitales a las mujeres que pasaban por la calle. No sólo no le hicimos caso sino con regocijo dimos a conocer este asunto a la prensa y yo mismo lo mencioné al día siguiente en una entrevista que me hicieron en un programa de radio, quejándome de los políticos que querían interceder por delincuentes. No daba nombres pero sí describía con profusión los hechos. También está el caso del regidor del PAN, vinculado a la Universidad de Guadalajara, que vergonzosamente me llamó para que soltara a dos detenidos que eran trabajadores de la Federación de Estudiantes de Guadalajara (FEU), quienes habían sido detenidos por pintar sin permiso bardas ajenas. Habían escrito en grandes letras la frase: "No al alza del transporte". Independientemente del sentido de la leyenda habían cometido una infracción y no fueron liberados hasta que no pagaron su multa y repararon los daños.

No sólo regidores me llamaban para este tipo de asuntos. En diciembre de 2007 un imbécil —no puedo llamarlo de otra forma— que era miembro del PAN en Guadalajara por el solo hecho de pertenecer al partido en el poder y conocerme por ese medio me llamó tres veces para que liberáramos a su hijo que había sido detenido por beber alcohol en la vía pública y, además, había intentado sobornar a mis policías. Desde luego que lo mandé a volar después de un altercado telefónico con él. ¿Cómo quiere esa gente que no sienta desprecio por ella? Hasta la fecha, cuando llego a encontrármelo en persona o en las redes, siento náusea. Sigue activo en la política sin más motivación que el beneficio personal y de los suyos. En otra ocasión un general brigadier, asignado a la zona militar, se dio un buen quemón conmigo. Me llamó para pedirme que liberara a un subteniente que había sido arrestado la noche anterior por tomar fotografías a una menor, siendo acusado de pornografía infantil. Por supuesto que yo no hubiera hecho nada a su favor, al contrario. En lo que no reparó el general es que su protegido había sido arrestado en Zapopan y no en Guadalajara. Me llamó de oquis.

Durante los tres años de gestión tuvimos docenas y docenas de casos como los que aquí he descrito. Peticiones de gente ignorante, estúpida, abusiva, prepotente e injusta que con una sola llamada y la idea de que tenían "palancas" contribuían al deterioro del orden público y nuestro Estado de derecho. Lo cuento aquí sin ambages porque, estoy seguro, lo mismo sucede en todos los estados de la república. Lo malo es que no creo que muchos jefes policiacos se atrevan, como yo, a decir que no. En este tipo de asuntos hay que saber decir que no.

EN MARZO DE 2007, como correspondía a mis funciones, acudí al Congreso del estado de Jalisco para asistir a la instalación de la Comisión de Seguridad. Aprovecho para señalar que desde que la conozco dicha comisión no ha servido absolutamente para nada. Al concluir la interminable, aburrida e intrascendente reunión se me acercó uno de sus miembros, un diputado del PAN con fama de cacique en el norte de la ciudad. Sin recato alguno me pidió que le comisionara a dos elementos de la policía de Guadalajara para que fueran sus escoltas. Que los conocía bien porque ya los había tenido asignados antes y que les tenía mucha confianza. ¡Así de importante se sentía el imbécil! Le dije que no, que los policías no eran para eso, que su función era cuidar la ciudad y no a alguien en particular. Entonces, haciendo un esfuerzo para no demostrar su disgusto conmigo, me pidió que a esos dos elementos —que obviamente eran parte de su clientela— por lo menos les aumentara la compensación. Le di el avión y le dije que iba a ver. Ignoré por completo su petición. Al contrario, mandé vigilar a sus amigos y, si mal no recuerdo, les encontramos algunas infracciones y los sancionamos. Al momento de escribir estas líneas este tipejo es de nuevo diputado local en Jalisco y está por convertirse otra vez, ojalá no lo hubiera logrado, en regidor de Guadalajara. Se reciclan, como la basura. Por esos días me llamó otro diputado, también del PAN pero ahora de Tlaquepaque, pidiéndome lo mismo, dos elementos para su custodia y que además contratara a "su gente" en mi dependencia para tenerla cobijada. Otro de esos que confunden un gobierno con una agencia de colocaciones. Recibió la misma respuesta y me provocó un enfado similar. No tienen vergüenza.

A lo largo de mi gestión como jefe de la policía tuve que enfrentar constantemente peticiones para comisionar a policías como escoltas de particulares, de todos los orígenes y con todos los pretextos. Lo primero que hice al entrar fue llamar a filas y poner a patrullar, al servicio de la ciudad entera, a todos los agentes policiacos que estaban comisionados en la protección de personajes de todo tipo. Al director y el alcalde anteriores les gustaba hacer favores y quedar bien con empresarios y políticos asignándoles escoltas. Una de las formas más comunes de peculado es esta: asignar policías para que sirvan a un particular. Es una obvia e indebida apropiación de recursos públicos. Esta cuestión tiene el agravante de que afecta la seguridad de toda una comunidad al distraer de sus funciones a policías que deberían estar vigilando la ciudad. Los he visto de choferes, de mandaderos, llevando a la señora al súper, recogiendo a los niños de la escuela. Uno se quejó conmigo de que la esposa del funcionario con quien había sido comisionado lo llevaba a vender quesos a un tianguis los domingos. En otra ocasión vi a un diputadillo del Partido Verde en Jalisco, fatuo y prepotente, examinar con forzada elegancia botellas de vino en una licorería de la ciudad. Atrás de él iban dos escoltas cuidándole de cerca las espaldas, como si su vida estuviese en peligro inminente o fuera tan importante como para estarlo. Conocía a los policías de tiempo atrás y les pregunté que cómo les estaba yendo. "Ya no aguantamos a este cabrón", me contestaron. "Viera qué mal nos trata." Años después me volví a encontrar a uno de estos elementos en un club de la ciudad. Me dijo que había llevado a la esposa de este diputado a un festival de la escuela de su niña. En este caso el gobernador del estado, tanto el anterior como el actual, le habían otorgado ese privilegio. Además del abuso de un recurso público veo que estos miserables son gente tan "chiquita" que necesitan de estos símbolos de poder para sentirse importantes. Y los gobernadores y alcaldes, tanto del PRI como del PAN, encuentran una manera más de comprar a los legisladores. En el momento en que escribo sigue ocurriendo en todos lados este fenómeno.

Uno de los conflictos más fuertes que tuve con este tema fue cuando ordené quitar dos custodios que habían sido asignados por el jefe anterior para cuidar las oficinas de Televisa Radio. Como si esa empresa no pudiera pagar, con sus recursos inconmensurables, su propia seguridad privada. Los directivos de esa empresa se molestaron mucho e hicieron llamadas, presionaron, advirtieron sobre represalias, pero yo, todavía más molesto que ellos, me salí con la mía y pude recuperar para la ciudad dos elementos.

En el ayuntamiento tuve muchos pleitos con varios regidores y con la síndico porque querían este privilegio y yo se los negaba. Una regidora, pequeña e ignorante, me gritó una vez enfrente del presidente que quién creía que era yo para negarle un escolta; no le hice caso. En otra ocasión la síndico inventó no sé qué amenaza y finalmente, contra mi opinión, se logró hacer de un escolta, escogido cuidadosamente por ella. El abuso llegó a tal grado que, habiendo sido sometido ese escolta a un proceso administrativo, me pidieron varios funcionarios que lo dejara sin efecto para no perjudicarlo. Le habíamos iniciado el procedimiento porque echó la camioneta en que conducía a la síndico sobre los policías que cuidaban el estacionamiento subterráneo. Le habían negado el acceso porque no había espacio y tenía que salir una ambulancia con un enfermo. Instigado por su prepotente jefa atacó con la camioneta a sus propios compañeros. No hice caso a los que pretendían que suspendiera el proceso y el asunto siguió su curso hasta que llegó a la propia sindicatura, que era la de la competencia, para su resolución. Ya se imaginarán cuál fue el resultado.

El colmo fue cuando un diputado local del PAN, conocido por sus corruptelas —había sido un mal síndico en el gobierno anterior—, traía como escolta a un policía que había yo asignado como custodio de los juzgados municipales. El jefe de esta dependencia le hizo el favor al legislador, que era su jefe político, de enviarle por su cuenta al policía y ponerlo a sus órdenes. Lo descubrió la prensa y se armó, con toda justicia, el escándalo. Esto me dio ocasión para regresar al policía al servicio y criticar, una vez más, a la clase política, en particular a la del PAN. Y así la pasé los tres años litigando estos asuntos, distrayéndome de mi tarea de cuidar la ciudad y haciendo corajes. Caso curioso y con un sesgo divertido fue el de un ex gobernador del estado, del PRI, que tenía a tres policías de Guadalajara asignados como sus escoltas. Razoné que, en todo caso, debería ser el gobierno del estado el que le brindara ese servicio y no la municipalidad, así que le retiré mis elementos. Gran disgusto, quejas al presidente, llamadas, reclamos... Total, recibí la orden de reinstalárselos y no tuve más remedio que hacerlo. Al poco tiempo vinieron dos de ellos a renunciar a su encomienda. Extrañado porque me imaginaba que estarían en una situación muy cómoda les pregunté por qué: "Es que ya no aguantamos a la esposa", contestaron.

Un día descubrí que un antiguo presidente municipal de Guadalajara, del PAN, todavía disfrutaba de los servicios de quien había sido su jefe de escoltas, que seguía como elemento activo de la corporación. Estaba cuidando por las mañanas una recaudadora, con un sueldo de comandante de $33 000, y por las tarde atendía asuntos de su antiguo jefe. Lo mandé a patrullar, por lo menos para que desquitara el sueldo. De nada sirvieron los reclamos del ex alcalde que, por lo visto, no se conformó con lo que en su tiempo robó y quería seguir exprimiendo privilegios del gobierno municipal.

Presidentes municipales, jefes policiacos, procuradores y gobernadores hacen caravanas con sombrero ajeno a parientes, amigos y asociados. Todavía veo a funcionarios de medio pelo, no se diga los de alto nivel, de la muy cuestionada administración de Jalisco 2006-2012 con escoltas pagados por el erario; llevando a sus hijos a la escuela en camionetas grandes y costosas. Llevando a las esposas a comprar el mandado. Formando parte de su séquito y sus símbolos de poder cuando van a eventos políticos. Como si no se hubieran hartado de robar y hacer negocios de esos que no se deben hacer siguen exprimiendo el presupuesto hasta la última gota.

En mi concepto, en un ayuntamiento grande como el de Guadalajara o de Zapopan, del cual fui presidente, sólo el alcalde y el jefe de la policía y sus familias deben contar con escoltas. El número de estos debe estar en relación con el grado de peligro. Esta protección debe darse a otros funcionarios sólo en caso de riesgo real y comprobado. Yo pondría como requisito indispensable para contar con escoltas presentar una denuncia de hechos de orden penal por las amenazas y ratificarla. Debo aclarar que, para mí, tener escoltas no es un privilegio, es una necesidad y una verdadera carga. Es de las peores experiencias que he tenido. No lo digo por los elementos que, en mi caso, siempre fueron serios, disciplinados y respetuosos, sino por la pérdida de la libertad y la privacidad, y en mi caso, siendo tímido, por la pena que me daba que la gente se diera cuenta de que yo tenía que estar custodiado. Una vez en un programa de radio una radioescucha comentó que era yo un privilegiado por tener escoltas, que debería estar expuesto a la delincuencia como todos los demás ciudadanos. Le contesté que no era un privilegio sino todo lo contrario; que para mí y mi familia era un verdadero sacrificio tener que andar escoltados. Hasta la fecha lo recordamos con estupor. Le expliqué que por el solo hecho de ser jefe de la policía está uno expuesto. Muchas veces, aunque no se haga nada indebido, como era mi caso, el solo hecho de ser jefe ya lo convierte a uno en un blanco atractivo. Basta el deseo de un cártel de "calentar la plaza" para que lo eliminen a uno. Es común que cuando un grupo criminal quiere afectar a un grupo rival que está adueñado de una ciudad, o plaza, como le llaman, asesina a un jefe policiaco importante para causar escándalo, atemorizar a la gente y atraer la atención de todo tipo de autoridades.

Más me enojaba todavía cuando los regidores querían

hacer negocio con la adquisición de bienes y servicios para la corporación. Dentro de su codicia inagotable no perdían ocasión de recomendar proveedores de todo tipo, a veces insistentemente, para que los contratáramos, como si la decisión fuera de nosotros. Lo que se debía hacer era una petición de tal o cual producto por parte nuestra y esta pasaba a la administración del ayuntamiento y de allí, cuando procedía, a la Comisión de Adquisiciones. Había un regidor del PAN muy rata, tanto que al momento de escribir esto está merecidamente en la cárcel —y espero que allí siga por muchos años—, que llegó incluso a acompañar a una proveedora de servicios de telefonía móvil, amiga de él, para que le contratáramos los servicios de GPS de las patrullas. Al final de la administración este y otros regidores llamaron insistentemente a mi administrador y al sucesor que quedó en mi lugar los dos meses que me retiré, conmigo no se atrevían, para insistir en comprar armas, chalecos, radios y hasta unas curiosas torres de vigilancia que con toda seguridad no iban a servir para otra cosa que para hacer sus infames negocios. A todos, por supuesto, los mandamos al carajo.

También se daba el caso de regidores que querían lucrar políticamente cuando la policía tenía algún problema. En vez de ayudar, sin investigar siquiera de qué se trataba el asunto se sumaban a los detractores para atacar a la administración y, desde luego, a mí, alimentando la indisciplina entre los policías y la sensación de inseguridad entre la población. En mayo de 2008 hubo un conato de paro de policías en la Zona Dos-Minerva. El argumento principal era que el nuevo comandante, que yo había nombrado, les exigía mucho con los nuevos horarios. Había además quejas por la entrega de uniformes y vales de despensa. El fondo del asunto era que el nuevo jefe había llegado, por instrucciones mías, a restablecer una disciplina entre los elementos que con el tiempo se había ido relajando; los hacía cumplir con sus horarios y patrullajes y no los dejaba tener ninguna desviación. Hubo diálogo con los policías inconformes, que al final eran muy pocos, y el movimiento cesó en unas horas. Se estableció el compromiso de entregar a tiempo uniformes y vales y otras prestaciones; les hicimos ver que bajo ninguna circunstancia se iba a tolerar ninguna violación al reglamento interno. Debo agregar que, por lo que vi en esa ocasión y en alguna otra, habitualmente los policías que más protestan son los más irresponsables.

Un regidor del PRI de la Comisión de Seguridad quiso sin embargo, dentro de su mediocridad, cobrar una notoriedad que no tenía apropiándose de este movimiento. Mandó a su asistente a pegar en los cuarteles de la policía avisos en los que ofrecía su ayuda, cosa que no permitimos, y pretendió entrevistarse con los inconformes, que ya se habían conformado, amenazando con convocar a una rueda de prensa y denunciar púbicamente lo sucedido. No pasó a mayores su pretensión absurda, pero se vio comprometida la disciplina de la corporación y nos distrajo un rato de tareas más importantes. No fue esta la única vez que tuve problemas con este tipo de políticos temerarios. Hacían propias con gusto y entusiasmo todas nuestras adversidades para lucrar con ellas.

5

Formas de corrupción en la policía de Guadalajara

E S L E G E N D A R I A la fama de corruptos que tienen en todo el país los policías mexicanos. La gente los identifica como ladrones —injustamente, por supuesto— y los ubica en los niveles más bajos de confianza, junto con los diputados y los líderes sindicales. Estos tres estamentos compiten por ese título nada envidiable, y casi siempre comparten el primer lugar.

Desde luego no todos los policías son corruptos, ni todos los diputados ni todos los sindicalistas. Ahora que me tocó conocer de cerca a los policías y convivir con ellos me di cuenta de que, como en todas las actividades de los mexicanos, hay de todo.

En una ocasión asistí en Guadalajara a un seminario organizado por académicos cuya intención era analizar la situación y las perspectivas de mejora de las corporaciones policiacas de México. En un momento dado, tomó la palabra un maestro universitario de Monterrey y destacó que los policías mexicanos se empezaban a corromper cuando caían en la mala costumbre de adquirir deudas y compromisos mayores a los que podían sufragar con su salario. Añadió que muchas veces ese desbalance comenzaba por la inclinación de los policías a tener más de una mujer, más de una familia, y por tanto se multiplicaban sus gastos y de allí no era muy difícil transitar hacia las prácticas corruptas. Tomé la palabra y le di la razón, le dije que era cierto, pero que se había quedado corto. Que esa costumbre de gastar más de lo que se tiene, de conducirse de manera inmoral y recurrir a ilícitos para pagar gastos excesivos se daba también entre maestros, abogados, médicos, periodistas, albañiles y hasta en los curas. En pocas palabras, pretendía hacer entender a mi interlocutor y a la audiencia que nuestros policías no son sino el resultado de una sociedad mexicana proclive a la corrupción y con muy baja cultura de la legalidad. De esa misma sociedad salen también los políticos, los diputados, los sindicalistas; los malos, los regulares y los buenos, los pocos buenos que hay. Que una sociedad no puede engendrar lo que no tiene. Que el problema de los bajos niveles de confianza de los policías no se puede aislar de la poca confiabilidad de la sociedad entera. Esta idea se puede extrapolar a un conjunto amplio de actividades de los mexicanos. Hay que "arreglar" entonces a la comunidad educándola, inculcándole valores, dándole buenos ejemplos, concluí. Se comete con frecuencia el error de juzgar y cuestionar con dureza a gremios enteros olvidando que todos, absolutamente todos, provienen, con sus matices respectivos, de una misma sociedad. De alguna manera los académicos aceptaron mis observaciones y la discusión se hizo a partir de ese momento más interesante, contemplando ahora un dilatado panorama nacional.

Hace unos días, al estar escribiendo estas memorias, fui al Desierto de los Leones en la Ciudad de México. No pude entrar al parque porque ya estaba cerrado, pero me detuve unos momentos en la entrada para contemplar el entorno. Delante de mí iba una camioneta cargada de mercancía. El chofer dio sin mucha discreción al guardián de la puerta unos billetes y pudo pasar sin dificultad. Le abrieron la puerta. Seguramente se dirigía a Toluca y quiso por esa vía del bosque tomar un atajo. ¡Es impresionante ver cómo el mexicano promedio corrompe con gran facilidad todo lo que tiene a su alcance! También por esas fechas compré unas galletas en un centro comercial de la misma ciudad. Costaban $35 y pagué con un billete de $200. La mujer que me atendió me entregó cambio como si el billete hubiera sido de $100; hizo una pausa esperando que yo no me diera cuenta. Le dije que me faltaban $100 de vuelto, y al dármelos se limitó inocentemente a decir, como si se hubiese tratado de un error: "Ah, sí". ¡Me quería robar! Este tipo de conductas se repiten todos los días en los cuatro puntos cardinales de nuestro país. Como decía el anuncio: "De Sonora a Yucatán…".

Cuando me desempeñé como jefe de la policía de Guadalajara aprendí que hay tres tipos de policías. Los totalmente

malos, delincuentes natos o formados, esos que jamás se co-
rregirán y deben ser identificados, expulsados de la corporación y si es el caso procesarlos penalmente. Los hay también
íntegramente buenos; estos deben identificarse para promoverlos, capacitarlos y darles puestos de mando de acuerdo con
sus capacidades y su vocación de servicio. Pero también hay
que cuidarlos, mantenerlos vigilados y lejos de las tentaciones
o por lo menos que estén conscientes de que existen y estar
en guardia contra ellas. ¡El ser humano es débil! Finalmente,
están los que conforman la mayoría, los que saben trabajar
de ambas formas, dependiendo del jefe que tengan. Si tienen
un jefe corrupto casi todos se alinean a robar y opera así una
corrupción institucional que parte desde el ápice de la pirá-
mide del poder y llega hasta los últimos rincones de la dependencia. Así sucedió en Guadalajara en la administración que
siguió a la mía. Si, por el contrario, hay un jefe decente, ínte-
gro, que incorpora en su equipo de mando comandantes de
iguales características, los elementos se disciplinan y se portan bien. Se adaptan a la realidad de los nuevos jefes con tal
de mantenerse en su puesto y sobrevivir. En estos casos sí hay
corrupción en una corporación, pero es aislada, doméstica,
acotada al estrecho ámbito de competencia de quien la pro-
tagoniza. Esta es más fácil de combatir y, por supuesto, hace
mucho menos daño. He observado esta realidad varias veces
y por eso he insistido a lo largo de mi paso por instancias de
seguridad que, antes que nada, es necesario atender el perfil
de los mandos. Llega un mando corrupto y todo se arruina.

En el tiempo en que estuve en este cargo comenzaron a
hacerse a nivel nacional los exámenes de control de confianza
para el ingreso y permanencia de los policías en la corpora-

ción. Se practicaron y se siguen practicando a los elementos de todo el país. Es un error. Materialmente no se puede evaluar con precisión a tantos miles de elementos. Por esa razón este procedimiento ha fracasado en cuanto a su intención de limpiar nuestras corporaciones; por su absurda aplicación masiva. Respecto a la poligrafía en particular, erróneamente llamada "detector de mentiras" —en todo caso debería ser "detector de confianza"—, no es posible, humanamente hablando, examinar adecuadamente a tal multitud de policías. Un buen poligrafista puede, a lo sumo, hacer bien tres pruebas al día; cualquier examen adicional corre el riesgo de disminuir su calidad y, por ende, su veracidad. Por eso hay tantos errores en su aplicación. A principios de 2008 recibimos la indicación de enviar, para examinarse, a los elementos de Guadalajara. Cuando comenzaron a llegar los resultados meses después, veía yo pasmado cómo buenos elementos no resultaron aprobados y algunos de los que nosotros llamábamos "lacras" tenían resultados sorprendentemente positivos. Varios comandantes y policías de línea que tenía identificados como delincuentes, vinculados a veces a bandas del crimen organizado y que había logrado aislar del servicio activo, resultaron acreditados. Por el contrario, policías buenos y tranquilos, de limpio historial, reprobaban. A estos últimos no los despedimos porque todavía no estaba vigente la ley que después obligó a hacerlo. Sin embargo, tales reportes sí me causaron gran desconcierto y alimentaron en mí una desconfianza acerca de la confiabilidad del método. Confieso que asumí con reserva los resultados y seguí tomando mis decisiones por los métodos tradicionales que ya he descrito. De todas formas sometí a especial vigilancia a algunos de los no aprobados y no dejé de desconfiar ni de vigilar a muchos de los afortunados con un resultado aprobatorio.

Creo que el resultado de la prueba del polígrafo depende en gran medida de la personalidad del individuo examinado. Por eso deben hacerse con muchísimo cuidado y profesionalismo. No cualquiera puede aplicarla; hay policías que son cínicos y desvergonzados, sin conciencia de haber hecho algo mal jamás, que la aprueban porque sencillamente mienten con facilidad. De hecho, todo policía que obra mal tiene una justificación en su conciencia: "me pagan mal", "la vida es injusta conmigo", "de todas maneras hago buenos servicios" y cosas por el estilo. Es más, un psicópata, que no tiene conciencia del mal, no tiene por qué reprobarla. Y debo recordar que en el ámbito policiaco hay muchos psicópatas. Por el contrario, policías aprehensivos, con gran carga de culpa, impresionables por la logística, el equipo y el agresivo trato de algunos poligrafistas pueden reprobar con facilidad.

Varias veces me contaron policías examinados su ingrata experiencia con los poligrafistas. Les preguntaban, por ejemplo, si habían sido infieles a su pareja. Y si contestaban afirmativamente, como muchos lo hacían, los cuestionaban diciéndoles que cómo esperaban que fueran fieles a la institución o a los ciudadanos si no lo fueron con su pareja. Todo esto intimidaba y asustaba al humilde policía que tenían enfrente. También les preguntaban si le habían faltado el respeto, bromeando o enojados, a sus compañeros o sus superiores. O si habían tenido dificultades con sus hermanos o padres. Conductas harto comunes que no son significativas en el desempeño de las tareas policiales. La pregunta más contundente, la que ponía nerviosos a todos,

era: "¿Trabajas o colaboras con la delincuencia organizada?"
Ya sé que es necesario hacer esta pregunta, pero en un entorno adverso y formulada con gente sin la capacidad suficiente
puede conducir a resultados erróneos.

A mí me examinaron por primera vez en la Ciudad de
México en mayo de 2008. Después me sometí varias veces a
pruebas similares. En esa ocasión fue en instalaciones de la
Policía Federal. Pasé muchas horas haciendo fila esperando
mi turno, rodeado de policías de diferentes estados de la república. La inmensa mayoría estaban muy nerviosos, rayan-
do en el pánico. A mi lado había un veracruzano sudando a
chorros, rezando con fervor a no sé qué santo o qué virgen,
pidiéndole pasar la prueba. A mí me fue bien, tanto en la
entrevista como en los resultados que meses después le llegaron al presidente Petersen, quien me los entregó de inmediato. Recuerdo divertido la inusual sorpresa que mostró el
poligrafista, abriendo mucho los ojos y haciendo con su boca
una mueca de incredulidad, cuando le dije que sí había consumido anfetaminas. Imagínense esa respuesta por parte de
un jefe de la policía. Declaré eso en la fase donde preguntan
sobre el consumo de drogas ilegales. No deseando faltar a
la verdad contesté que sí había consumido anfetaminas en
mi juventud, cuando estudiaba medicina. Entonces no eran
ilegales; de hecho se compraban sin receta en las farmacias.
Eran muy usadas, entre otras cosas, como anorexígenos, para
quitar el apetito y así poder bajar de peso. Los estudiantes de
medicina las usábamos de vez en cuando —al fin y al cabo
sabíamos farmacología— para estudiar de corrido durante
largas noches o para no cansarnos tanto en las guardias. Era
una mala costumbre, pero así era en la década de 1970 y no

se estaba actuando fuera de la ley. El novato entrevistador tuvo que interrumpir la sesión y salir a pedir instrucciones a un superior para saber cómo manejar tan peculiar respuesta. Al pasar por esa experiencia fue cuando comencé a preguntarme sobre la verdadera conveniencia de la aplicación masiva de esta prueba.

En materia de pruebas de confianza apareció también, como era de esperarse, como sucede en todos los temas mexicanos, el espectro de la corrupción. No sobre el cobro para modificar los resultados; no tengo noticia de ello. Pero sí en cuanto a la contratación pública para favorecer a ciertos proveedores de servicios. Ante la necesidad de evaluar a tantos miles de policías en tan poco tiempo, y contando con cuantiosos presupuestos para hacerlo, proliferaron empresas mercenarias de todo tipo y tamaño para prestar esos servicios, seguramente con padrinos vinculados a los diferentes niveles de gobierno. Muchas de estas empresas no tenían la capacidad para hacerlo, de allí los cuestionables resultados. Debo aclarar que las pruebas de control de confianza no se limitan a la poligrafía. Comprenden también exámenes para identificar drogas de abuso, una entrevista psicológica y estudios socioeconómicos a fin de conocer el estatus de los elementos. También me tocó ver mucha torpeza e improvisación en la aplicación de estos estudios. Los realizaban empresas seguramente constituidas al vapor, subcontratadas, con personal que no contaba con la preparación adecuada. Una vez uno de mis comandantes de Guadalajara persiguió pistola en mano a un jovencito que imprudentemente tomaba fotos de su casa. Se imaginó, con toda razón, que era un "halcón" vinculado al crimen organizado. También ha habido manipulación política. Recientemente en Jalisco, por ejemplo, muchos municipios fueron presionados para firmar un convenio con el gobierno del estado mediante el que se comprometían a participar, con dinero y elementos, en el cuestionable programa de Fuerza Única. Una forma de presión fue el manejo de los resultados de las pruebas de control de confianza a sus jefes policiacos, una aplicación que está, por supuesto, en manos del gobierno estatal.

Se ha despedido a miles de policías injustamente, muchos de ellos pasan a engrosar las filas del desempleo o, pero aún, de la delincuencia. A veces no conocen otro medio que el lado oscuro de la vida. Se han gastado inútilmente cientos de millones de pesos; de igual manera han quedado indebida o sospechosamente acreditados muchos malos elementos. Lo peor es que no ha habido ninguna mejoría, o ha sido mínima, en los niveles de honestidad y confianza entre las corporaciones policiacas mexicanas. Y además todo el sistema es cuestionado por los ciudadanos. La obligación de aplicar estas pruebas sigue vigente en la Ley General del Sistema Nacional de Seguridad Pública. Es preciso cambiar las disposiciones para que estas pruebas, el polígrafo en particular, se hagan exclusivamente a los mandos. Muy bien hechas, que no dejen sombra de duda; en caso necesario, en algunos asuntos en particular, a elementos o grupos de elementos. Estando bien evaluados los mandos y teniendo la certeza de que observan un comportamiento honesto todos los de abajo se alinean sin dificultad.

En mi época logramos enderezar bastante, dentro de las circunstancias, la corporación, de tal forma que conseguimos incrementar la efectividad en el combate al delito y bajar las denuncias y quejas contra policías. La gente comenzó a sentirse más segura y el prestigio de la policía de Guadalajara comenzó a crecer. Cuando uno de nuestros elementos cometía un delito nosotros mismos lo deteníamos, lo enviábamos al ministerio público y dábamos la noticia a la prensa. Con estas acciones mostrábamos nuestra vocación para combatir la corrupción y limpiar la institución; eran acciones eficaces que fortalecían una buena imagen. Mal hubiéramos hecho al intentar solapar u ocultar las cosas, como sucede con frecuencia. O mentir a los medios, cosa que nunca hicimos. Una vez unos patrulleros mataron a golpes a un detenido; fue en el oriente de la ciudad. La investigación la realizó el pequeño equipo de inteligencia criminal que teníamos. Siguiendo lo dicho por varios testigos dimos con los responsables al día siguiente. Los identificamos por el número de patrulla y el rol de guardias. Nosotros mismos mandamos llamar a los agentes responsables a las oficinas centrales; ambos seguían tan campantes en su servicio. Habíamos llamado previamente al ministerio público dándole todos los elementos para procesarlos. Más tarde lo narramos todo en una rueda de prensa. No sólo no hubo críticas hacia la policía sino que se recibieron reconocimientos. Aquí les falló a estos criminales la vieja consigna de los policías que reza: "Los excesos en privado y la violencia sin testigos".

No puedo dejar de señalar en este contexto que todo se modificó con el cambio de administración. En pocos días mucho de lo que habíamos logrado se vino abajo: hicieron a un lado a los buenos comandantes que yo había promovido, y recontrataron a muchos de los que había alejado de los mandos o despedido de la institución por corruptos. Los reivindicaron siguiendo el consabido esquema de complicidades. Tiempo después, cuando me encontraba en la calle a mis antiguos elementos, me contaban con desánimo que los nuevos jefes los trataban despóticamente y habían restablecido el antiguo sistema de cuotas, es decir, aportar dinero a los mandos cada semana y pagar por poder usar patrullas, motos o ser destacados en zonas más cómodas o "productivas" de la ciudad. ¡Estaban mandando a los policías de Guadalajara a robar a la calle! "Si no se mocha uno, jefe —me dijo uno de ellos—, lo mandan a las zonas más bravas o lo dejan a pie tierra…". También me contaron que con frecuencia recibían la orden de dejar en libertad a individuos o grupos de individuos que habían sido detenidos por recorrer armados, en poderosos vehículos, las calles de la ciudad. Yo había desterrado totalmente esa ancestral mala costumbre. Así de mal va México, dando pocos pasos hacia delante y muchos hacia atrás.

Son muchas las maneras en que se puede corromper un policía. La más común es recibir dinero de un ciudadano que violó una norma para evitar ser detenido. Esta falta es grave siempre, pero es de mayores consecuencias cuando el ciudadano comete un delito y no una falta administrativa. Esto significa que alguien está evadiendo la acción de la justicia. En todo caso la corrupción es de ambos: del que da y del que recibe. Peor es el asunto si el ciudadano que ofrece dinero al policía no hizo absolutamente nada indebido y el agente, por iniciativa propia, lo acusa falsamente de algo que no cometió o exagera la gravedad de una falta cometida para sacarle dinero. Se trata entonces de un caso de extorsión, algo gravísimo. Se llega al extremo de "sembrar" droga o un arma en sus bolsillos o en su vehículo para llevárselo. Yo siempre fui intolerante con este tipo de actitudes. En cierta ocasión tuve que exigir la renuncia a un allegado mío, que había trabajado conmigo muchos años, porque fue denunciado por extorsionar a un famoso futbolista cuando lo detuvo en la calle en estado de ebriedad y acompañado de varias prostitutas. El deportista no quiso ver truncada su carrera con este escándalo, así que le dio a mi agente una buena cantidad de dinero. Lo denunció su compañero de patrullaje por no haberle dado su parte en lo que constituye una de las causas más antiguas de la denuncia entre pillos. No procedí penalmente porque el acusador no quiso firmar ninguna denuncia. Pero el conocimiento que tuve de esa falta fue suficiente para despedirlo. Me dolió mucho.

A veces los policías cobran dinero por cuidar negocios o residencias, o por hacer operativos de vigilancia especiales al margen de lo oficial. Es un servicio de seguridad privada con recursos públicos: tiempo, uniformes, patrullas. Esto se da sobre todo en lugares de alto riesgo como cantinas, antros, joyerías, casas de cambio y de empeño. Y, por supuesto, se ve en el caso de *table dances* y de "brincos", que son los lugares donde se organizan juegos de azar de forma clandestina. No es posible saber quién fue primero, si el policía que pidió o el comerciante o el delincuente que ofreció, pero en cualquier caso está mal. Los elementos acostumbran pasar religiosamente por sus cuotas. También suelen cobrar, y esto es lo más grave, por dar protección a delincuentes, desde bandas de desvalijadores de vehículos o vendedores barriales de droga al menudeo hasta graves compromisos con el crimen organizado. Se da este fenómeno con las narcotiendas, lo cual significa un nivel de ilicitud mucho mayor. Para tener una dimensión de este fenómeno, ¡en Guadalajara había quinientas de estas! Imagínense el negocio que representan para los malos elementos. Estas son ya palabras mayores. El delito que cometen los uniformados no es sólo el de cohecho, sino también encubrimiento y delincuencia organizada. No sólo reciben un dinero que no tienen por qué recibir sino que se vuelven cómplices de los delincuentes. Los acuerdos con los cárteles quedan más frecuentemente en manos de comandantes y subcomandantes. Había varios elementos de motociclistas del grupo Gammas que estaban comprometidos, a cambio de dinero, con un capo importante. El contacto era a través del grupo de motociclistas Jaguares de la vecina policía de Zapopan; hasta aquel cuartel iban a cobrar sus cuotas cada mes. Cada elemento recibía $3 000 por su apoyo y $5 000 si intervenía favorablemente en algún asunto. El segundo comandante recibía $10 000. Su trabajo era escoltar vehículos de los narcos, revisar los de rivales y dejar en libertad a personas que les ordenaba el grupo al cual servían. Los narcos le dieron a cada elemento un Nextel para recibir indicaciones. Los vehículos interceptados que eran de los delincuentes se identificaban con la frase "Soy de la oficina", y así los dejaban ir. Nótese el perfeccionamiento de su logística. No pude denunciarlos penalmente ni promover su cese porque no tenía testimonios. La información que recibí la recabó mi grupo de inteligencia policial, pero fue de oídas; veraz pero de oídas. A los implicados los vigilé estrechamente a partir de entonces, los quité del operativo y los mandé a cuidar cuarteles.

Los investigadores me informaron también de un caso

verdaderamente grave. Había un elemento en la cabina de comunicaciones que estaba al servicio de la delincuencia. Su tarea era informar a todas las zonas de la ciudad los números de placa de los vehículos a los que no había que molestar. Espeluznante.

Era común recibir informaciones y denuncias de este tipo, pero no las podía comprobar. Casi siempre los denunciantes se niegan a formalizar su dicho por temor a las represalias, tanto de los policías como de los narcos. También se daba el caso de denuncias falsas por parte de elementos rivales, por lo que debía ser muy prudente al evaluarlas. Algo que aprendí fue que con frecuencia los peores enemigos de los policías son sus propios compañeros. De quienes tenía graves sospechas los retiraba del mando y los cambiaba de zona. A veces sucedía que corrompían a un comandante bueno y comenzábamos a notar patrones inusuales en su zona: aumentaban los robos de partes de automóviles o en residencias o había más delitos relacionados con la venta de drogas al menudeo. Nos poníamos entonces en estado de alerta y lo sometíamos a una estricta vigilancia. Hice muchos cambios en los tres años en que estuve al frente de la policía, la depuración fue constante y poco a poco fue mejorando el nivel de comportamiento. Este tipo de actitud vigilante y reactiva en lo inmediato debe ser firme para mantener y mejorar el nivel de confianza de los comandantes. Para estos asuntos contaba con el pequeño y discreto servicio de inteligencia que ya he mencionado, no contemplado en el organigrama, pero que sin duda me fue muy útil. Era una guerra sin fin.

Cuando por alguna razón los policías irrumpían en un domicilio, ya fuese legalmente con una orden de cateo acompañando al ministerio público o a la policía judicial, o ilegalmente en un "reventón", muchos aprovechaban para robar lo que estuviera al alcance de su mano. Perpetraban verdaderos saqueos. Por eso mucha gente no denuncia robos u otro tipo de delitos cometidos en sus casas; cuando llegan los agentes de la policía investigadora acompañados de los uniformados suelen llevarse lo que dejaron los ladrones. Una vez, en noviembre de 2008, una de nuestras patrullas sorprendió en la madrugada a unos sujetos que habían saqueado una mueblería. Llevaban en su camioneta artículos cuyo valor era de varios millones de pesos. En vez de reportar el evento, ¡los policías se iban a quedar con lo robado a cambio de dejar libres a los ladrones! Un supervisor los descubrió, los detuvo y fueron a dar a la procuraduría. También lo anunciamos nosotros mismos, como era de esperarse.

Otra fuente de latrocinio son los registros que, en forma inconstitucional, suelen hacer muchos policías, sobre todo en la noche y en particular los fines de semana. Al detener ilegalmente a un peatón o un automóvil, usualmente tripulado por jóvenes, para revisar si portan drogas o armas, aprovechan y les roban su dinero y pertenencias; les aplican "el dos de bastos" para quitarles la cartera, como se dice en el argot. "Saca la loquera, morro...", le dice el policía a la víctima, preguntándole en este peculiar lenguaje que dónde está la droga, y así comienza un calvario que va desde un mal rato hasta una consignación injusta, pasando muchas veces por el inevitable capítulo de la extorsión. Por eso prohibí los registros cuando llegué a la policía. En primer lugar, porque son inconstitucionales. No podía yo fomentar la vigencia del Estado de derecho ordenando a mis elementos violar la ley.

En segundo, porque no era eficaz en la prevención de los delitos. Y en tercero, para que los pobres ciudadanos registrados no fuesen salvajemente despojados de sus pertenencias. Además, la práctica de registros aleatorios de vehículos y la colocación de retenes provocan más bien la sensación de inseguridad en la población. A los que estaban en la institución antes que nosotros al parecer no se les ocurría otra manera de combatir la delincuencia; tenían como principal operación policial la práctica de registros. Los jefes obligaban a los elementos a reportar cierto número de registros al día, y si no lo hacían, los sancionaban. Había elementos que hasta llegaban a inventar que los practicaban. Lo peor es que esta medida, como ya lo he dicho, no era eficaz en el combate contra la delincuencia, todo lo contrario.

Pero no se aprende. Hace no mucho tiempo, en julio de 2015, el gobernador de Jalisco nombró un nuevo titular de la Fiscalía General del Estado, institución de la que depende, entre otras cosas, la policía estatal. También tiene a su cargo la coordinación con las demás corporaciones policiales del estado. La primera medida para combatir la delincuencia que, en toda su ignorancia y elemental concepto de seguridad, anunció el nuevo fiscal fue justamente ¡la instalación de retenes en todo el estado! El registro aleatorio de ciudadanos que, además de no servir para nada, viola las garantías individuales.

En cierta ocasión en una reunión con empresarios, al hablar sobre el tema de los registros, me dijo uno de ellos que a él no le importaba que en la madrugada lo detuviera una patrulla para revisarlo; que cuando le había sucedido una vez los policías se habían comportado con gran cortesía y diligencia. Que esa revisión le había dejado una grata sensación de seguridad. "Es que no eres ni pobre ni joven", le contesté. Con los ricos y poderosos los policías se portan bien. Con los pobres y débiles se ensañan. Los primeros los denuncian y utilizan sus palancas para defenderse. Los segundos no tienen a quién recurrir y no les queda más remedio que soportar esos abusos. Esa es la visión burguesa y limitada que muchos de los empresarios tienen de la seguridad pública.

E L   M A R T E S   2 de agosto de 2005 el periódico tapatío *Mural* publicó a ocho columnas: "Simula GDL licitación", agregando como subtítulo: "Aún no concluye el proceso y ya están las 550 patrullas compradas". La nota daba cuenta de la compra irregular de 550 vehículos para la policía de Guadalajara, 500 automóviles Stratus Chrysler y 50 camionetas. Todavía no se abrían las propuestas económicas de las empresas participantes en la licitación y ya la empresa SyC Motors los había comprado a la armadora. El periódico publicó fotografías de los vehículos almacenados en un terreno localizado en Aguascalientes, listos para enviarse a Jalisco y ser entregados al ayuntamiento.

Estalló un escándalo, todos los medios lo reprodujeron, los comentaristas de radio y televisión se dieron gusto criticando, la gente se indignó pero, como de costumbre, la compra se concluyó y no pasó absolutamente nada. El representante de COPARMEX en la Comisión de Adquisiciones criticó severamente la compra diciendo: "Era un secreto a voces que todo estaba coludido, chueco, se veía que el concurso estaba inducido y viciado". Sin embargo, no pasó nada, ni no hubo culpables ni se fincaron responsabilidades. Se consumó un despojo más al sufrido pueblo tapatío. El cínico presidente municipal, Emilio González Márquez, declaró que él no veía ninguna irregularidad en la compra y acusó a ese sindicato patronal de atacar injustamente al ayuntamiento panista. Cuando al secretario de Seguridad, Luis Carlos Nájera, le preguntaron si tenía algún estudio técnico que avalara la compra de esa marca contestó muy a su estilo: "No soy mecánico, soy policía". El director de Administración del ayuntamiento era el panista Juan Sánchez Aldana, y el director de Proveeduría era Leopoldo Pérez Méndez. Según la prensa no pudieron o no quisieron declarar gran cosa. Al final, el tibio e inútil Consejo para la Transparencia y la Ética Pública del Ayuntamiento de Guadalajara no vio motivos para anular la compra y decidió enviar, por las irregularidades contempladas, un "enérgico" pronunciamiento al presidente municipal. A este, usando su propio vocabulario, "le valió madres".

Por aquella época andaba yo activo en la política y critiqué fuertemente esa adquisición fraudulenta. Nunca me imaginé que años después, al convertirme en jefe de la policía, iba a tener a mi disposición esos vehículos. En cuanto a las características de esas patrullas, lo primero que me dijeron los comandantes que conocían el tema es que eran totalmente inadecuadas para realizar un buen patrullaje. Técnicamente no cumplían con los requisitos. También me enteré de que el negocio había sido, entre otros, del coordinador de la fracción del PRI en aquella época. El alcalde, siguiendo su mala costumbre de comprar voluntades a través de corruptelas, lo dejó hacer, junto con algunos de sus funcionarios, este sucio negocio. El expolio incluía un leonino contrato para el ayuntamiento en materia de mantenimiento de los 550 vehículos, jugoso para la empresa vendedora. Todavía estaba vigente años después, cuando llegué a esa institución. Los beneficiarios fueron un gobierno venal, un grupo de funcionarios corruptos de diversos colores y empresarios jaliscienses de esos que van a misa todos los domingos y critican a los malos gobiernos en sus reuniones y clubes privados mientras no pierden oportunidad de hacer negocios a su sombra.

Menciono este vergonzoso episodio —luego se preguntan por qué el PAN ha perdido tanto prestigio en Jalisco— para referirme a la que, para mí, es la forma más onerosa de corrupción en las instituciones de seguridad, que es la adquisición de bienes y servicios. Casi todo el mundo, cuando se habla de la corrupción de las policías, se concentra en las formas comunes en que suelen corromperse los elementos y que he descrito arriba. Pero pasan por alto los miles de millones de pesos que mandos policiacos y políticos se roban a través de estas adquisiciones. En particular desde que en México se desató esa absurda lucha contra el crimen se han multiplicado los presupuestos para seguridad, y al mismo tiempo se han multiplicado los negocios urdidos al amparo de ese concepto. Muchas de las compras se hacen sin pasar por las comisiones de adquisiciones, o si pasan, por motivos de urgencia y secretismo no son transparentes. Lo cierto es que se ha vuelto muy fácil robar a través de estos mecanismos y se han enriquecido muchos. Son delincuentes de cuello tricolor, blanquiazul, amarillo o de cualquier otro color que, a mi ver, son tan despreciables como los delincuentes comunes y hacen el mismo daño a la república.

No en balde las compras de chalecos —artículo que por alguna razón siempre da problemas—, armas, vehículos, equipos de videovigilancia, comunicación, computación y hasta helicópteros Black Hawk siempre generan suspicacias. Recuerdo que la primera gran corruptela de un gobierno panista de Jalisco que salió a la luz y causó un gran escándalo fue cuando un grupo de funcionarios del gobierno de Alberto Cárdenas estableció una fábrica de chalecos antibalas para venderlos al propio gobierno. Debo decir que el gobernador, hombre decente, nada tuvo que ver con esto e hizo todo lo posible por impedirlo. Pero allí está ese hecho vergonzoso, registrado ya por la historia. Ominoso preludio de lo que habría de suceder después con gobiernos de ese color. De estos hechos se podría criticar la omisión de castigar a los responsables; faltó carácter. Como dijo años después un sabio panista: "Si hubiéramos metido a la cárcel al primero…".

Pocos años después se dio otro caso de corrupción en las adquisiciones en el gobierno del estado. Había estado usándose durante algún tiempo un excelente sistema, desarrollado en Jalisco, para detectar vehículos robados mediante la lectura de códigos de barras en calcomanías de refrendo y en placas. Policías con pistolas lectoras de códigos de barras las usaban todos los días en lugares públicos, detectando así cientos de vehículos irregulares. Todo se vino abajo cuando arbitrariamente se suspendió este sistema y se le dio la concesión de la fabricación de las placas del estado de Jalisco a una empresa que no tenía la patente. El dueño de esta había financiado una de las campañas del PAN. El sistema se sigue usando con éxito en otros estados. En Jalisco no sólo se desviaron recursos en forma indebida, sino que se perdió un importante instrumento para abatir el robo de vehículos.

En tiempos del presidente Calderón se creó el Subsidio para la Seguridad en los Municipios (SUBSEMUN). Ha sido un noble experimento que ha permitido el flujo de millones de pesos de patrocinio federal a los municipios que completan los requisitos de elegibilidad. Éstos se basan en el número de habitantes y la incidencia delictiva. De algo ha ayudado pero, como era de esperarse, apareció también el espectro de la corrupción. Es sorprendente la facilidad que tienen muchos malos mexicanos para corromper todo lo que está a su alcance y sacarle provecho indebido. En cuanto aparece una ley o una institución nueva, de inmediato buscan la manera de exprimirla, cosa que logran casi invariablemente. En relación con el SUBSEMUN, tan pronto se tiene noticia de que el gobierno federal entregará recursos a tal o cual ayuntamiento para un programa, de inmediato se aparecen representantes de todo tipo de proveedores de bienes y servicios para ofrecerlos, muchos avalados por funcionarios. Me contaba recientemente uno de los nuevos alcaldes electos en Jalisco que fueron proveedores los que le informaron de las siguientes ministraciones de recursos federales. Tengo también noticia de que ediles y diputados, tanto federales como estatales, piden su comisión, vil *mochada*, a los alcaldes en la medida en que han gestionado la llegada de esos recursos. Al momento de escribir esta obra están por concluir las administraciones municipales en Jalisco, y un par de presidentes municipales y jefes policiacos me han contado que les han llamado diputados locales miembros de la Comisión de Seguridad del Congreso para pedirles su parte. ¡Ladrones! Yo los hubiera denunciado. Cuando me entero de estos saqueos pierdo la compostura y tiendo razonar como aquellos que pedían al doctor Petersen que pusiera a un gorila a encargarse de la seguridad.

Parte de este subsidio federal está destinado a dar un sobresueldo a los policías municipales que a lo largo del año tienen un buen comportamiento. Es una justa retribución. Cuando estuve en la jefatura entregamos a los elementos de Guadalajara este bono con toda puntualidad en cuanto nos llegaba el recurso de México. Me han expresado que después no se les ha vuelto a entregar, al igual que en Zapopan. Se sienten, con toda razón, defraudados. Ojalá se investigue esta atrocidad y se descubra quién se ha quedado indebidamente con ese dinero.

A la hora de analizar las corporaciones de seguridad que tenemos en los tres niveles de gobierno, no se debe dejar de lado esta gravísima y generalizada forma de robar. Es un verdadero expolio para el erario que pasa habitualmente inadvertido. Cuando años después de estar en Guadalajara llegué a trabajar al CISEN en la Ciudad de México, cierto día apareció por allí un nuevo funcionario con el que hice cierta amistad. Venía de haber trabajado en el área de contraloría de la Secretaría de Seguridad Federal. Me confesó que lo habían echado de allá y enviado a esta otra institución porque había descubierto grandes compras a sobreprecio. Las había reportado sin obtener más repuesta que su exilio y congelamiento. En aquel sexenio esa secretaría, en efecto, vio multiplicado su presupuesto en miles de millones de pesos. Si mal no recuerdo con el presupuesto de la Secretaría de la Defensa Nacional (SEDENA) sucedió algo similar. ¿Se rindieron cuentas? En su momento, ¿fue satisfactoria esa rendición? Son preguntas que los mexicanos no debemos dejar de hacernos.

6

Procuraduría General de la República y Procuraduría General de Justicia del Estado

INEVITABLEMENTE tuve que involucrarme en temas de narcotráfico. Nadie imaginaba aún lo que años después viviría el país en relación con el asunto de la delincuencia organizada y la violencia; apenas comenzaba, en 2007, la escalada de terror. La policía municipal es eminentemente preventiva, es decir, su tarea es mantener el orden público y evitar que se cometan delitos y faltas administrativas que lo alteren. No puede investigar ni perseguir delitos, y menos si se trata de delitos federales. Actuábamos en asuntos de narcotráfico sólo cuando descubríamos a los delincuentes en flagrancia, comprando o vendiendo droga o transportándola, lo que sucedía cuando a veces deteníamos un vehículo por una infracción y al revisarlo encontrábamos droga. También era frecuente detener gente con armas prohibidas para los civiles; casi todos eran sicarios al servicio de los cárteles. De igual manera, actuábamos en el caso de delitos relacionados con el tráfico de drogas, como homicidio y lesiones, secuestro, robo. Entonces podíamos enfrentar a los responsables, arrestarlos y consignarlos al ministerio público, ya fuese estatal o federal. Aunque, para frustración de nosotros, con frecuencia fiscales, jueces y magistrados los soltaban impunemente.

La Procuraduría General de la República (PGR) no nos hacía mucho caso cuando le solicitábamos que investigara y persiguiera el delito de narcotráfico. Les envié estudios completos con la ubicación y circunstancia de cientos de narcotiendas que hay en Guadalajara, y nunca actuaron. Teníamos, como debe ser, un departamento de inteligencia policiaca que desempeñaba con eficacia esos trabajos. Sus reportes nunca sirvieron para nada. Por allí debo tener copias en mis archivos, como seguramente se quedaron en los de ellos las que yo les enviaba. La diferencia es que ellos sí tenían la obligación de actuar. Cuando mucho servían para que grupos de comandantes y agentes de la Policía Judicial Federal hicieran un negocio particular. Nosotros trabajábamos proveyéndoles información para que cumplieran con su deber, no para que se enriquecieran extorsionando a los vendedores de droga. Organizaban sus "reventones" allanando los lugares señalados como sospechosos. Entraban con lujo de violencia y se robaban todo lo que había a su alcance: armas, droga, aparatos eléctricos, joyas, dinero. ¡A veces obligaban a los detenidos a que les entregaran sus coches y camionetas y les endosaran las facturas! Cuando, en las reuniones con vecinos, la gente se quejaba de la presencia y actividad de narcotiendas en su colonia, me acordaba con coraje de las omisiones de la PGR. Les explicaba a los ciudadanos lo de la flagrancia, la competencia federal, y les decía que ya habíamos informado a las autoridades responsables de este tipo asuntos. No se podía evitar que la gente pensara que los ineficientes, e incluso cómplices, fuésemos nosotros.

Yo tenía mis reservas sobre el trabajo de la PGR desde que fui presidente municipal de Zapopan. En aquel tiempo me indignaba al darme cuenta de cómo los policías de la judicial federal y los agentes del ministerio público dejaban ir a los traficantes que capturaba la policía municipal. En realidad, en vez de combatir el tráfico de drogas, lo protegían. No siempre, pero sí muchas veces; inaceptable, aunque fuera una sola vez. Llegó un día en que, muy molesto porque no hacían caso a mis quejas y reportes, me atreví a denunciar sus omisiones y complicidades a los medios de comunicación, generando un gran escándalo. No todos los días un presidente municipal sale a la prensa a criticar con todas sus letras a una institución federal. A veces, como dice el dicho, los políticos son como los perros, nomás a periodicazos entienden. Lo único que logré fue algunas consignaciones secundarias y que cambiaran al delegado de la PGR. Simplemente lo reciclaron, como la basura (en realidad muchos de ellos son eso: basura), sin ninguna sanción, dejando que se fuera a robar a otro lado. En otra ocasión capturamos y pusimos a disposición del fiscal federal, como manda la ley, a varios sicarios de uno de los capos más importantes de norte del país; eran sus guardaespaldas. Tranquilamente transitaban por la ciudad con sus camionetas blindadas de alto cilindraje y vidrios ahumados y sus armas chapadas en oro. Recurriendo a argucias legales, la PGR los dejó ir. Los soltaron para que siguieran matando gente, amenazando a esta pobre y desprotegida sociedad. También me quejé pero no hubo mayores resultados.

Cuando tomé posesión como jefe de la policía de Guadalajara pensé ingenuamente que las cosas habían cambiado y acepté colaborar con ellos. En el año 2002 el ayuntamiento y la PGR firmaron un convenio para establecer una Agencia Especializada en Atención a Denuncias Ciudadanas. Esto ocurrió en el marco del Programa Jalisco Unido contra las Drogas, un proyecto que con ese rimbombante nombre pretendía combatir el desmedido aumento en la distribución y el consumo de drogas de todo tipo en la zona metropolitana de Guadalajara. Hay que desconfiar de los proyectos, programas e instituciones con nombres tan llamativos. La sede de esta agencia serían unas oficinas que el ayuntamiento tenía en la colonia San Rafael, al oriente de la ciudad, y policías municipales estarían comisionados para que, bajo el mando del ministerio público federal, combatieran el narcomenudeo. Se basaría fundamentalmente en denuncias ciudadanas lo cual, además de permitir allegarse información, servía para dar a los ciudadanos la sensación de que eran escuchados. El lado flaco de esta clase de programas es la mezquindad de mucha gente. A menudo vecinos rijosos, novios despechados, rivales de amores o de negocios o miembros de bandas rivales dan falsos reportes para fastidiar al que traen en ojeriza. Así de méndigos son algunos mexicanos. No se puede creer a ciegas en todas las denuncias; hay que investigarlas cuidadosamente.

De entrada, el esquema me pareció interesante —además estaba obligado a seguirlo por convenio— y comisioné para asistir a esa agencia a un joven comandante de mi confianza, el comandante Pantoja (nombre ficticio para protegerlo) y a otros siete elementos. De todos modos algo me olía mal. Me habían dicho policías experimentados que en esa agencia los federales, con la complicidad de los comisionados por la municipal, se dedicaban a organizar "reventones" y extorsionar narcomenudistas. Que en realidad era nula su aportación para reducir el tráfico de drogas al menudeo. Por otro lado, los policías que habían estado comisionados en la administración anterior a esa agencia nunca reportaron sus actividades, ni datos de detenidos, ni cifras de droga incautada, ni resultados en el combate al tráfico de estupefacientes. Todavía el ministerio público federal encargado de ese lugar tuvo la desfachatez de pedirme, a través de un oficio de esos llenos de sellos oficiales y citas de leyes vigentes, que le comisionara de nuevo, citando sus nombres y apellidos, a los policías que habían estado el año anterior. Quería el apoyo "a la carta". Jamás lo hice. A esos elementos los mandé, por el contrario, a patrullar nuestras calles sometiéndolos a estrecha vigilancia por la mala fama que habían adquirido. Uno se va haciendo paranoico en estos trabajos. Hubo dos regidores del PAN, por cierto, que me recomendaron para ascensos a esos policías tapatíos que habían estado en la agencia extorsionando narcos en complicidad con los federales. Apenas entrando, durante una ceremonia de graduación de agentes nuevos, uno de ellos me llevó personalmente a su protegido para recomendármelo. Allí mismo mis comandantes de confianza me confirmaron que ese individuo era un corrupto de lo peor. Por supuesto que no hice caso al regidor.

Un mes después ya tenía a mi comandante y sus hombres de regreso en nuestra corporación. Desde que llegaron a aquella agencia del ministerio público federal vieron movimientos raros y luego francamente ilegales. Para empezar el desvergonzado agente del ministerio público los puso bajo el mando de "madrinas", esos turbios sujetos, sin cargo oficial demostrable, que ayudan a fiscales y policías en sus tropelías. Les dijo que eran policías que tenían oficios de comisión de otros municipios, pero después comprobamos que no era verdad. ¡De esta manera, "madrinas" e informantes de la PGR eran los encargados de combatir el tráfico de drogas en Guadalajara! Primero me dijo Pantoja que tenía dudas respecto a los nombramientos de esos tipos. Más adelante me reportaría que vio a uno de ellos conversar amistosamente con los presuntos traficantes y que con cierta frecuencia y sin aviso previo ordenaban suspender operativos que ya se habían planeado cuidadosamente. Todo indicaba complicidad y protección.

El colmo fue cuando los elementos de Guadalajara recibieron órdenes de apoyar a los federales en un operativo en Zapotlanejo, localidad cercana a Guadalajara. La operación fue dirigida por un "madrina" y consistió, siguiendo las indicaciones de un "soplón", en irrumpir en un cuarto de hotel de aquella ciudad donde supuestamente estaban los narcos. "Policía judicial federal, cabrones...", me reportó Pantoja que dijo el "madrina" cuando de una patada abrió la puerta del cuarto. Había un solo sujeto, quien fue sometido violentamente y esposado a continuación. Después de golpearlo, el federal le metió la cabeza en dos bolsas de plástico para que, bajo la amenaza de asfixiarlo, confesara de dónde obtenía la droga y dónde estaba su cómplice. Mi comandante reclamó este comportamiento y para contentarlo el federal le quitó el reloj al detenido y se lo dio diciéndole: "Órale, mi comandante, te regalo este reloj". Así es como funcionan estos "reventones". Lo primero que hacen los que incursionan en estos operativos es someter y torturar a los detenidos y repartirse todo lo que encuentran. Más adelante aseguraron el vehículo del detenido. El acta que conservo de entonces refiere que, en medio del desorden provocado por ese evento, un policía de Zapotlanejo se estaba robando la herramienta del coche en dos grandes bolsas negras de plástico. Cuando se le reclamó, el muy cínico dijo que estaba revisando para ver si no había más droga.

Pantoja había entregado el reloj a su asistente para que lo entregara, junto con las demás pertenencias del detenido, al secretario de la agencia del Ministerio Público para su resguardo. Sin saberlo, más adelante el federal le dijo: "Quihubo, comandante, ¿te gustó el reloj que te regalé? Está chido y chingón, eh. Además aquí traigo una chequera con varios cheques y en la portachequera vienen dos en blanco firmados por la esposa de este güey, pa' que veas, comandante, que soy chido". Mi comandante no sólo no aceptó lo que le ofrecía el "madrina" sino que después lo reportó fielmente a nosotros y se quejó ante el ministerio público federal que comandaba esa agencia. Por ello recibió amenazas, desde daño físico a su persona hasta inventarle algún delito para luego detenerlo e iniciarle un procedimiento penal de orden federal.

Unos días más tarde este grupo de municipales de Guadalajara detuvo en flagrancia a un tipo que traía varias dosis de cocaína para vender. El secretario de la agencia de San Rafael no lo quiso recibir como detenido diciéndoles, cuando le llamaron, que era sábado y ellos nada más trabajaban de lunes a viernes, que no los molestaran. Más tarde, antes de traerme a mis hombres de regreso, el comandante tapatío tuvo una conversación con el agente del ministerio público. Al narrarle todo lo acontecido el representante social se limitó a hacer notar que "la PGR tiene otro sistema de trabajar".

Muy molesto presenté la queja al delegado. Esa gente está tan corrompida que no puede creer que alguien en el medio policiaco no la haga de cómplice en esos atropellos. Cambió al ministerio público de la agencia pero el nuevo resultó igual. A los pocos días, dirigiéndose a un operativo con mi comandante, le dijo jubiloso: "Este asunto es de a 100 mil…". En el proceso de retirar a los elementos de Guadalajara de esa pocilga los de la PGR me dijeron que tenían algunas denuncias contra mi equipo y me quisieron vender la idea de que por consideración no le darían seguimiento; ni les creí ni les di las gracias. De alguna manera me querían chantajear o, por lo menos, vender un favor. No me explico cómo el gobierno federal quería y sigue queriendo combatir el tráfico de drogas con este tipo de alimañas.

Confieso que en este delicado tema no fui más lejos como debía. Por un lado, comenzaba a entender que no había remedio inmediato para estos males. También debía ser precavido. Poco antes me platicó el jefe de la policía de Chihuahua que ellos tuvieron problemas similares en aquella ciudad con gente de la PGR. Enviaron a uno de sus comandantes a la Ciudad de México, a la sede central de Procuraduría General de la República, con toda la información concerniente a las extorsiones, complicidades y venta de protección por parte del delegado de allá, de sus agentes del ministerio público y de la policía investigadora. Su comportamiento era exactamente igual al que yo vi en Guadalajara. Lo escucharon y atendieron muy bien, con exceso de cortesía y mayores esperanzas en la entonces Subprocuraduría de Investigación Especializada en Delincuencia Organizada (SIEDO, que después se llamó SEIDO), recibiendo todas las denuncias y prometiéndole actuar, como de hecho lo hicieron después. Hubo un operativo y varios de los responsables fueron sometidos a procedimientos administrativos y penales. El comandante que fue a denunciar regresó contento a Chihuahua, satisfecho por la buena respuesta y tanta cortesía por parte de los federales. Al poco tiempo lo asesinaron.

CON LAS AUTORIDADES del gobierno del estado no nos fue mejor; siempre desconfiamos de ellas y seguro que ellas de nosotros. Al principio, obrando de buena fe, tuve conversaciones y acercamientos e intercambiamos información. Pero con el tiempo, a medida que me daba cuenta de lo que hacían, y sobre todo de lo que dejaban de hacer, me fui alejando y establecí un blindaje logístico y jurídico alrededor de la policía municipal para protegerla. Me refiero a la Secretaría de Seguridad y a la Procuraduría General de Justicia del Estado actualmente, a raíz de la entrada del nuevo gobierno de Jalisco en 2012, absurdamente fusionadas en una obesa e inoperante Fiscalía General del Estado. Sufrimos en aquel tiempo uno de los peores gobiernos que ha habido en Jalisco; no en balde es conocido en los medios como "el sexenio de la corrupción", adjetivo que avalo totalmente. Fue del PAN y comprendió de 2006 a 2012. No digo que el actual gobierno, priista, sea mejor. Va por el mismo camino; es un gobierno francamente patanesco, encabezado por un grupo de jóvenes tricolores, prepotentes y ambiciosos, émulos de Thomas de Quincey —no precisamente por lo literario— que prácticamente están saqueando el estado. Creo que al final ambos gobiernos competirán por el deshonroso calificativo de peor. La única ventaja que tiene el actual es que apenas va a la mitad.

En aquella administración panista se vivió en Jalisco una especie de teocracia. El gobernador y sus allegados se creían designados por Dios para cumplir una misión en la tierra, y en realidad cometían todo tipo de abusos y tropelías. Lucraron escandalosamente con la organización de los Juegos Panamericanos. Organizaron el Sistema Intermunicipal de Agua Potable y Alcantarillado (SIAPA) de la capital del estado, con el apoyo de la cúpula del Partido Acción Nacional, para cometer uno de los despojos más inmorales que se han visto; docenas de funcionarios del PAN, de diversas facciones, se enriquecieron escandalosamente mientras cientos de miles de habitantes de la zona metropolitana de Guadalajara tienen un mediocre servicio básico de agua potable y drenaje y muchos aún carecen de él. Se hicieron negocios con las adquisiciones de casi todas las secretarías; armas, chalecos y vehículos (hasta un helicóptero), radares y equipos para expedir licencias en Vialidad, aulas en Educación, medicamentos con sobreprecio en Salud, sobornando a funcionarios de esa secretaría. Daba la impresión de que detrás de cualquier contrato o adquisición de bienes o servicios por parte del gobierno se inflaban los precios y la derrama de riquezas salpicaba a todos. En el Seguro Popular, por ejemplo, hubo un saqueo de millones de pesos con el agravante de que afectó el servicio de salud a miles de jaliscienses. ¡Se cobraron hasta partos atendidos en varones! En fin, ese sexenio fue algo fatal, y las instituciones estatales de seguridad, la Secretaría y la Procuraduría, no se desentonaron en este escenario.

La Procuraduría se convirtió en un escenario donde los diversos grupos que allí se formaron pelearon constantemente por el poder y el dinero. Nunca en la historia de esa institución había habido tantos muertos entre sus agentes y comandantes. Siempre me pregunté si no era entre ellos mismos que se mataban por rivalidades inenarrables. Mientras tanto la procuración de justicia, tarea fundamental para el Estado, por los suelos. Mucha gente dejó de denunciar por la sencilla razón de que no tenían la menor esperanza de ser escuchados. Recuerdo que teníamos juntas mensuales con los mandos de la Procuraduría del estado. Cifras de delitos, fichas de delincuentes, promesas de apoyo, pero nada efectivo. Un día descubrí que las estadísticas que nos compartían, y presentaban a la ciudadanía, estaban maquilladas. De muchos delitos denunciados sólo levantaba un "acta circunstanciada" que sólo se convertía formalmente en "denuncia de hechos", y se reflejaba en las estadísticas, cuando el afectado la ratificaba ante el ministerio público. Y como casi nadie ratificaba —por lo engorroso y complicado del trámite—, se anunciaba falsamente que el índice de delitos iba a la baja. En lo administrativo también estaba envilecida esa institución.

Trascendió en su época que a los que habían conseguido plaza les cobraban hasta 30% de su sueldo como contribución para futuras campañas políticas. Si no pagaban los podían despedir o los enviaban a lugares remotos y peligrosos, o en el caso de policías, no les daban arma. La policía estatal, por otro lado, insistía siempre que nos veíamos en que nos coordináramos más y se quejaba públicamente de que no lo hiciéramos. La cantaleta del titular ante los medios era siempre en el mismo sentido. Años después, con otras autoridades municipales enfrente, seguía lamentándose de lo mismo. El problema es que su concepto de coordinación implicaba una subordinación inaceptable, además de que su forma de concebir la seguridad difería sustancialmente de la nuestra. Eran aficionados a una serie de malas prácticas policiales que yo siempre rechacé; eran eminentemente represivos, sin la menor visión de prevención. Eso sí, eran muy buenos para organizar operativos contra los cárteles de la droga. Contra algunos de ellos, por lo menos...

Una mañana de abril de 2007 elementos de la policía de Guadalajara detuvieron en la Avenida Lázaro Cárdenas, por el rumbo de la colonia del Fresno, dos vehículos que circulaban en convoy. Se trataba de una Hummer negra y una camioneta Lincoln Navigator, con un tripulante cada una. Al revisarlos encontraron que en el primer vehículo llevaban una caja fuerte con $500 000 en efectivo y 8 000 dólares americanos. Había además una pistola escuadra marca Llama calibre 0.380 con seis cartuchos útiles; el arma tenía baño de oro. Todavía no trasladábamos a los detenidos a los separos cuando un alto funcionario de la Procuraduría de Justicia del Estado, teóricamente encargado de combatir el delito,

estaba llamando a mi segundo en el mando para pedirle que los dejaran libres. Adujo que era gente vinculada a
un familiar del gobernador. No accedimos a su solicitud y
los enviamos de inmediato a la propia Procuraduría con
la documentación de referencia bien elaborada. Después
me enteré de que familiares del gobernador directamente habían tratado de hacer valer sus influencias en aquella
dependencia.

Finalmente, no les fue tan mal a estos detenidos. Sólo
uno de ellos fue remitido a la PGR por posesión de un
arma reservada exclusivamente al ejército, la 0.380, por lo
que pudo salir bajo fianza sin dificultad. La Procuraduría
del estado omitió investigar el origen del dinero, como era
su obligación hacerlo. Como reza el corrido: "Del dinero y
de Camelia... nunca más se supo nada". ¿Cómo querían que
confiáramos en ellos?

Esto nos pasaba con frecuencia, que ministerios públicos
adscritos a la policía de Guadalajara dejaran salir a todo tipo
de delincuentes a cambio de sobornos. Era un rumor generalizado entre los policías; bastaba con cambiar el calibre del
arma encontrada en el detenido o entorpecer la ratificación
de una denuncia de hechos para que pudieran librarse de la
cárcel. Era una danza de los millones la que se daba en aquellas oscuras oficinas. Una vez me reclamaron que por qué no
denunciaba esto. "¿A quién?", pregunté yo, y hasta la fecha
me lo sigo preguntando.

Con la Secretaría de Seguridad también tu-
vimos nuestras cuitas. El domingo 6 de abril de 2008, la co-

lumna "Cúpula" de trascendidos del periódico *Mural* publicó el siguiente comentario:

"Las diferencias entre los distintos grupos policiacos de la metrópoli cada vez son mayores.

"Un ejemplo es que la Policía de Guadalajara tiene prohibido hacer 'convoy' con policías del estado.

"Cuentan quienes saben que, el año pasado, un convoy que integraban las dos corporaciones recibió una orden de la Secretaría de Seguridad de soltar a un delincuente al que habían detenido portando un arma prohibida.

"El comandante estatal recibió por celular la instrucción de dejar ir al detenido.

"Es esa una de las razones por las que los policías tapatíos, que dirige Macedonio Tamez, suspendieron el patrullaje con la corporación que encabeza Luis Carlos Nájera."

No sé cómo se enteraron, pero el hecho al que se refiere *Mural* fue rigurosamente cierto. Sucedió unos meses antes. A principios de la administración se acordó con la Secretaría de Seguridad del estado hacer recorridos de vigilancia por la ciudad en convoy junto con patrullas de la policía estatal. El 31 de julio de 2007, a eso de las 23:00 horas un convoy compuesto por una unidad de Guadalajara y una del estado detuvo a un sujeto —de apellido notoriamente vinculado a familias del narco— en posesión de una pistola escuadra de las que la ley reserva para uso exclusivo de las fuerzas armadas. Este tipo tuvo oportunidad de hacer una llamada desde su teléfono móvil a un tal Licenciado pidiéndole que evitara su detención. Momentos después el comandante de la policía estatal recibió por celular órdenes de sus superiores de dejarlo en libertad; le quitó entonces las esposas, le devolvió el arma y lo dejó ir. En la grabación de nuestra cabina consta el hecho de la siguiente forma: que por órdenes superiores "queda 91 el 90, de igual manera 22, de la 13 se devuelve al 76...", es decir: "queda sin efecto el servicio, de igual manera, cabina, la pistola se devuelve al sujeto...".

Nos indignamos todos: los patrulleros de Guadalajara, el presidente Petersen y, obviamente, yo. Hacía tiempo que habíamos percibido que en esa dependencia del estado se estaban haciendo mal las cosas, y ahora lo vivíamos en carne propia. El presidente, con copia de los partes policiacos que narraban lo sucedido, fue en persona a presentar una queja con Fernando Guzmán Pérez-Peláez, secretario general de Gobierno. Le anunció también que a partir de esa fecha suspenderíamos, por desconfianza, los patrullajes conjuntos con la policía del estado, cosa de la que dio cuenta *Mural* meses después. A las dos semanas el funcionario estatal respondió al presidente que el sujeto detenido con un arma había sido liberado por órdenes de la XV Zona Militar, aclaración que no le creímos. Sin embargo, su comentario sirvió para dejar constancia de que el gobierno del estado reconocía que la policía estatal había liberado, en efecto, a un detenido. Se consumó así en Jalisco un acto más, de los muchos que ha habido, de impunidad y protección institucional a delincuentes. Una vez que trascendió el hecho a los medios de comunicación el gobernador González Márquez, con su característica ligereza e irresponsabilidad, respondió a preguntas concretas de los periodistas con evasivas como "por supuesto este es un tema que se tiene que investigar" —en realidad nunca se investigó— y que el secretario de Seguridad "no estaba presente en el país y no estaba ni siquiera enterado de lo que ahí estaba ocurriendo…".

7

Cultura de la legalidad y derechos humanos

S I E N U N A S O C I E D A D no se cumple espontáneamente con la ley y sus miembros no tienen por costumbre respetar los derechos de los demás, no hay policía que alcance para mantener el orden y evitar los delitos.
Por tanto, el tema de seguridad no es un tema policiaco. De
hecho, la policía debe ser la última instancia a la que se debe
acudir cuando se consideran temas de seguridad. Muchas
veces, aunque suene radical, cuando se llama a la policía es
que ya se ha fracasado en otros aspectos.

El tema de seguridad descansa sobre dos pilares: la cultura de la legalidad y la vigencia del Estado de derecho. Dos
pilares que son inseparables y complementarios entre sí. La

cultura de la legalidad no significa sólo cumplir con la ley, sino que los individuos reconocen y aceptan la responsabilidad de construir mejores sociedades a través del cumplimiento espontáneo de las normas que rigen su vida. Es, por tanto, la única manera de compartir este planeta en que nos ha tocado vivir juntos. La alternativa es la destrucción de las sociedades y la aniquilación del individuo a través de la justicia por propia mano. De no cumplirse con normas superiores de conducta las diferencias se habrían de superar a pedradas o a garrotazos. Por su parte, el Estado de derecho es la consecuencia de la cultura de la legalidad, es decir, significa que vivimos en una nación donde estamos regidos efectivamente por leyes establecidas de forma democrática y que se aplican por igual para todos.

Es para todos evidente que en México carecemos de una sólida cultura de la legalidad y la vigencia del Estado de derecho es cada vez más débil. En 2011, la Corporación Latinobarómetro, una ONG con sede en Santiago de Chile, reportó en su informe que el porcentaje de habitantes de América Latina que dicen cumplir con las leyes era de 31%, apenas un tercio de la población. La cifra en México fue aún más baja, con 19%, sólo arriba de Perú y Bolivia. El problema de nuestro país es que la franja de cultura de la legalidad es muy angosta. Por cada mexicano que hace propia esta cultura de cumplimiento de la ley y la practica hay cinco o diez que la rechazan, siguen fielmente su contraparte y la transmiten a sus hijos expresamente. Incurren todos los días, delante de todos y haciendo alarde de ello, en trampas, mentiras, robos y faltas de todos los matices. "Mañana te pago", "dile que no estoy", "pégale más duro, hijo", "me voy a reportar enfermo",

"¿cómo nos arreglamos?", "lo dejo a su criterio, jefe", "ayúdeme a ayudarlo" y muchas frases más, pronunciadas en todos los tonos y todos los acentos a lo largo de muchas décadas, han pavimentado sin duda este largo sendero de ilegalidad y crimen que ahora transitamos tan accidentadamente en México. Se trata de un mal ejemplo generalizado que se da tanto en lo público como en lo privado, al que contribuyen generosamente nuestros gobernantes y otras figuras públicas.

La crisis de criminalidad y violencia extremas que hemos padecido en México durante los últimos diez años no es sino consecuencia de la falta de una cultura de la legalidad. Individuos que comienzan robando una cartera o vendiendo droga al menudeo sin freno alguno, ni aliciente en sentido contrario, van aumentando el nivel y la gravedad de sus faltas hasta llegar a extremos graves. Cualquier atajo que se tome, por más corto que parezca, cualquier trampa que se haga, por más inocua que se vea, cualquier hurto o mentira, fomentan esa ominosa cultura de la ilegalidad que tarde o temprano se convertiría en crisis. Algún comienzo tuvo esa espiral de violencia que parece inagotable en las conciencias individual y colectiva. Crueldades pequeñas y trampitas que parecían inocentes han desembocado, después de un largo proceso de evolución, en fosas clandestinas con docenas de cadáveres, en cabezas cercenadas, en muertos colgados de los puentes y en miles de desaparecidos y "pozoleados", ¡neologismo terrible para describir una realidad demencial! Cuando el mal no tiene freno se reproduce sin fin. En este caso, lo único que puede detener esta caída es precisamente el cumplimiento de la ley, algo que en México tiene muchos obstáculos. Se reporta una grave impunidad: menos de 1% de los delitos que se cometen son castigados. Esta impunidad es la que lleva a que cada vez más gente caiga en la delincuencia, que se cometan delitos más graves y, desde luego, que las autoridades venales protejan y se coludan con los criminales. Es una espiral inagotable.

Con los delitos pasa lo mismo que con las enfermedades, es mejor evitarlos que asumir las consecuencias de su comisión; cometer un delito es, en cierto sentido, una forma de enfermarse y enfermar a los demás. Aparentemente es más fácil, más barato y contribuye a una mejor calidad de vida, evitar que se cometan delitos que perseguir y capturar delincuentes, pretender rehabilitarlos y reintegrarlos a la comunidad, tarea casi imposible. Por otro lado, hay daños que no se pueden reparar jamás. ¿Cómo se reparan, por ejemplo, las consecuencias de un homicidio o una violación?

El modelo policiaco debe ser eminentemente preventivo, y la prevención del delito se logra mediante la promoción de la cultura de la legalidad. Así de fácil es enunciarlo, aunque ciertamente es difícil ponerlo en práctica. Hasta ahora, en términos generales, el modelo policiaco que se ha tenido en México en los tres niveles de gobierno ha sido el represivo o punitivo, un modelo diseñado para que las instituciones policiacas y sus elementos estén programados para reaccionar con el uso de la fuerza cuando se comete un delito, y no para evitar que se cometa. Es una forma burda de promover la seguridad de una sociedad. Un ejemplo clarísimo de esta forma de pensar se observa cuando lo primero que hacen los nuevos gobiernos —federal, estatales y municipales— para tratar de impresionar a una sociedad afectada por la inseguridad es comprar patrullas y armas nuevas para los elementos en una ceremonia a la vista de todos y con gran difusión en los medios. Al paso del tiempo lo veo como algo grotesco e inviable. Yo mismo caí en este error cuando fui presidente municipal de Zapopan, años atrás.

Por esta razón, cuando comencé mi gestión como jefe de la policía de Guadalajara, con todo el apoyo del presidente Petersen, apliqué el modelo de policía comunitaria o policía de proximidad (*Community Policing*, como se conoce en todo el mundo), que no es otra cosa que sustituir el esquema policiaco represivo por el principio de la cercanía con la sociedad a la que se va a servir. La idea es que los policías, quienes surgen de la propia sociedad, mantengan y refuercen la conciencia de que pertenecen a ella y a ella deben servir. Deben mantener contacto con la comunidad, ser transparentes en el manejo de la información, estar atentos a sus necesidades y temores, pensar y mostrar en todo memento que es mejor cumplir espontáneamente con la ley y evitar que se cometan delitos y faltas administrativas que perseguir y reprimir a los responsables una vez que se consuman.

Una parte fundamental de este modelo es el buen trato a los policías, pues es la única manera de que valoren su trabajo y se comprometan con él. Por ello, se les aumentó el sueldo y sus prestaciones, con toda puntualidad se les entregaron uniformes y se les pagó escrupulosamente su bono proveniente del subsidio federal, ese que se roban en otras administraciones. Además, se les capacitó y actualizó pero, sobre todo, se les dio buen trato. Existe la mala costumbre en México de tratar de manera déspota y soez a los subordinados en las corporaciones policiacas. Muchas veces, en las mañanas, los comandantes mandan a patrullar a sus agentes regañados, insultados, amenazados y con una mentada de madre encima, lo que puede predisponer que los policías se desquiten con el primero que pasa. Yo metí reversa en esto, comenzando con mi propia actitud.

Se organizó un Departamento de Atención Ciudadana destinado a estar cerca de la ciudadanía y atenderla. Asimismo, se instruyó a los comandantes y segundos comandantes de cada una de las zonas en que está dividida la ciudad para que estuviesen en contacto con los vecinos. Para ello, era necesaria la comunicación con los presidentes y miembros de las mesas directivas de las asociaciones vecinales que existen en cada una de las más de 600 colonias que tiene Guadalajara. Yo iba cada semana a una de las zonas de la ciudad a reunirme con los presidentes de las asociaciones y los recibía en mi oficina cuando era necesario. Eran juntas muy importantes porque yo como encargado de la corporación, así como el director operativo, el director de Prevención del Delito y el comandante de la zona nos enterábamos de viva voz de los problemas que había en sus colonias, los analizábamos y allí mismo proponíamos y nos comprometíamos con esquemas de solución. El hecho de escucharlos y que después fueran ellos con sus vecinos a decirles qué asuntos se habían tratado, ayudaba a que se sintieran más seguros. No voy a caer en la simpleza de decir, como lo hacen algunos malos políticos y comandantes cuando las cosas no les funcionan, que la inseguridad es un problema de percepción. Pero definitivamente la comunicación y un buen flujo de información ayudan a que una sociedad se sienta mejor y atendida.

Obviamente no todo era armonía. A veces algunos presidentes vinculados al PRI, o simplemente neuróticos, politizaban el tema y exageraban lo malo, o de plano inventaban problemas y se negaban a reconocer los progresos. En otras ocasiones, era triste ver la pobreza de criterio de los representantes vecinales, como unas señoras que se quejaban de que los muchachos de su colonia se quedaban hasta tarde jugando a la pelota en la calle, hacían mucho ruido y no las dejaban dormir, por lo que pedían que no los dejáramos jugar. Yo les contestaba, haciendo acopio de paciencia, que prefería que los jóvenes hicieran deporte hasta tarde, para desahogar energía y se fueran a dormir cansados, a que estuvieran en las esquinas sin hacer otra cosa que discurriendo maldades o fumando mariguana.

En esa época también se rehabilitó el hasta entonces fallido Consejo Consultivo de Seguridad Ciudadana, que había sido menospreciado por las autoridades municipales. El presidente nombró como presidenta a una estupenda mujer, Maru Suárez de Garay, académica y luchadora social, y de allí siguió el nombramiento de los consejeros a través de elecciones libres en cada una de las zonas de la ciudad. Tanto Maru como el Consejo en pleno me acompañaron propositivamente durante toda la gestión. A veces algún consejero se desviaba un poco y pedía favores o servicios fuera de lugar o proponía cosas inviables. También había quienes exigían que una patrulla los recogiera en su casa para ir a las juntas o quien tenía una concesión de Liconsa en la sede de la asociación vecinal y lucraba con ella. Sin embargo, este tipo de acciones no impidieron que se fincara un valiosos antecedente; a diferencia del Consejo Ciudadano de Seguridad

Pública del estado, que siempre fue comparsa de las autoridades estatales, el municipal no lo era. En este sentido, me es imposible no criticar el nombre, larguísimo y redundante, del organismo estatal: Consejo Ciudadano de Seguridad Pública, Prevención y Reinserción Social del Estado de Jalisco. Esta clase de nombres, derivados de la ignorancia de los legisladores, no hacen más que sembrar confusión.

También patrullé mucho, tanto de día como de noche, con mi chaleco antibalas y mi pistola al cinto. Me gustaba hacerlo, pues así pude conocer bien la ciudad y sus problemas. Vi a la gente y me dejé ver, lo cual sin duda motivaba a los policías y amedrentaba a los delincuentes cuando percibían que el jefe andaba por allí. Cuando veía algo inusual o escuchaba un servicio sospechoso por la radio —me aprendí las claves policiacas de comunicación— pedía informes. Con frecuencia, sorprendí a patrulleros fuera de su zona de asignación, lo que dio lugar a una investigación. Los ciudadanos, en su propio territorio, me platicaban de viva voz sus problemas y sugerencias, los policías de a pie me contaban sus preocupaciones, sus problemas administrativos y a menudo se quejaban de sus superiores inmediatos. Fue así como me enteré de muchas irregularidades sin ningún intermediario, lo que me ayudó a tomar mejores decisiones.

Nunca usé uniforme, y me negué a hacerlo por respeto a los policías de carrera que pasaron en su momento por la academia. En más de una ocasión he visto a políticos encumbrados —alcaldes, secretarios de vialidad— con uniforme. En mi opinión, se ven ridículos y ofenden a su corporación. Para hacer mis recorridos por la ciudad tripulaba primero una patrulla que mostraba mi número de clave: 1501. Guadalajara

se conoce como Base 15 en el ambiente policiaco y el número del jefe de la policía es el 01. La usé hasta mediados de la
administración cuando el presidente Petersen ordenó que se
comprara un vehículo blindado para mi uso, pues para entonces empezaba ya en el país la escalada de violencia y criminalidad que sufrimos hasta la fecha. A pesar de no meterme
en problemas como los demás jefes policiacos que llegan a
acuerdos —o desacuerdos— con los criminales, el sólo hecho
de ser 01 me hacía un blanco atractivo. Si algún cártel quisiera
llamar la atención de las autoridades podría parecerles fácil
atentar contra el jefe de la policía, como empezaba a suceder
con cierta frecuencia en otros lugares del país. Cuando iba a
reuniones de jefes policiacos, los compañeros de otros municipios me bromeaban porque casi todos, incluyendo los de
lugares más pequeños, tenían un blindado, menos yo.

Cuando la prensa se enteró de que se compró para mí
ese vehículo hizo un escándalo. Que si era un gasto excesivo,
que si el proceso de adquisición estuvo mal, que si no era
necesario, y lo peor es que publicaron las características del
vehículo, lo cual me puso en riesgo pues ahora los delincuentes sabrían con detalle los niveles de mi seguridad. Por esos
días, supe que un regidor del PAN, perverso y corrupto, de
esos a los siempre me negué a hacerle favores de incorporar a
gente de su equipo o liberar detenidos, filtró la nota a los medios. Luego un regidor del PRI dijo irresponsablemente a los
medios que yo solicité ese vehículo porque tenía tratos con el
crimen organizado. Me dio mucho coraje y lo demandé por
la vía civil por daño moral. A la fecha, siete años después, el
asunto sigue todavía en tribunales. La justicia es lenta pero
confío en que un día llegará.

De usar pistola no pude librarme. Aunque casi siempre iba escoltado, cuando el funcionario al que se protege está armado es más fácil resguardarlo. Además, era el jefe de 3 400 policías armados, por lo que como autoridad tenía que dar el ejemplo. Tal vez los policías viejos que llegan a ser jefes pueden prescindir de la portación de un arma, pero yo no, pues por ser civil tenía que reforzar mi presencia y mi autoridad precisamente portando un arma. Es un proceso lento y complicado; tarda uno en acostumbrarse. Tenía bajo mi mando a varios miles de policías y cientos de comandantes, nombraba y removía gente, mandaba al jurídico y al ministerio público a infractores por cientos, toreaba regidores y diputados, soportaba ataques de la prensa y enfrenté y dominé el miedo de moverme en este medio, pero lo que me causaba ansiedad y hasta me provocó un par de crisis de angustia, lo confieso ahora al paso de los años, fue portar la pistola. La sola portación de un arma genera fuertes cargas de adrenalina, sin embargo, me permitió entender mejor a los policías que tenía bajo mi mando.

Me dieron el arma desde el día que entré, el 1 de enero de 2007. En la armería de la dirección general, entre docenas de pistolas y armas largas de todo tipo, escogí un revólver Smith & Wessson, muy parecido al que tenía mi papá, sólo que el suyo no estaba niquelado y era de cañón corto. Tenía el prejuicio, inducido por mi papá, de que las pistolas automáticas se encasquillan con frecuencia y te ponen en riesgo en caso de apuro. La usaba en una sobaquera, discretamente oculta por el saco. Con el tiempo también pedí una automática, una hermosa Pietro Beretta 9 mm.

No me fui difícil usarla, casi de niño aprendí a usar armas con precisión, pues así se acostumbra en mi lugar de origen. Cuando cumplí quince años me regalaron una carabina calibre 22 súper, más adelante una pistola escuadra. Tuve también el mejor maestro que se puede: mi padre. Cuando íbamos a nuestro rancho, allá en Nuevo Laredo, andábamos armados y él me explicaba cómo usarlas y limpiarlas, cómo tenerles miedo y respeto, y cómo jamás jugar con ellas. Practicábamos con latas colgadas de la cerca o con troncos de mezquites. Además me enseñó a nunca apuntar a nadie porque se podían disparar accidentalmente. Una vez, se me fue un tiro en la cocina de la casa llegando del rancho; "en Guerrero se disparó una funda", decía. Mis escoltas e instructores se sorprendían al verme usarlas cuando íbamos a disparar al polígono. Yo creo que precisamente por conocer de armas, les tenía tanto respeto, por no decir miedo.

EN ESTE CONTEXTO, quiero señalar la importancia que para mí tienen los derechos humanos, pues dimanan de nuestra propia naturaleza y en buena medida la seguridad que un Estado debe brindar a sus ciudadanos consiste en garantizar y poner los medios para que se respeten estos derechos, también conocidos como derechos fundamentales del ser humano o garantías individuales. Esta es una de las razones por las que existe el Estado y es la única fórmula que tenemos los seres humanos para poder compartir en paz este planeta, de lo contrario, nos aniquilaríamos unos a otros.

De lo que sin embargo no estoy muy convencido es de la existencia de comisiones de derechos humanos, y menos aún me convence su actuación. Se han politizado y por tanto se han añadido a la larga lista de instituciones gubernamentales en las que la clase política mete mano y las utiliza para fines personales o de intereses de ciertos grupo. Desde el momento en que los diputados, federales y estatales, tienen injerencia en el nombramiento de consejeros y presidente, sus funciones se ven comprometidas. En Jalisco, por ejemplo, la Comisión Estatal de Derechos Humanos no es otra cosa que comparsa del gobierno. Interviene en asuntos menores y calla en cuestiones trascendentes. Su presidente, que lleva ya dos periodos, es servil al gobierno del estado. Por si fuera poco, ha llenado la institución que encabeza de políticos de medio pelo recomendados por los diputados que lo nombraron. Así pues, es obvio que el sentido de la nómina es parte de la negociación para escoger al presidente, y no el compromiso con un principio tan elevado como el de la defensa de los derechos fundamentales del ser humano. Por tanto, es una institución muy cara y mediocre, tan mediocre que su actuación desprestigia el concepto que la sociedad tiene de los derechos humanos. Por eso la gente se queja indebidamente "de los derechos humanos", en lugar de quejarse de la falta de respeto a los derechos humanos. Sólo cuando Guadalupe Morfín Otero estuvo al frente de esta comisión tuvimos en Jalisco algo confiable y respetable.

Una de las razones de ser del Estado es la defensa de los derechos humanos de sus habitantes, o como decía Norberto Bobbio, refiriéndose el Estado liberal moderno y citando a Humboldt: "El fin del Estado es solamente la seguridad, entendida como la certeza de la libertad en el ámbito de la ley". Para eso justamente están las policías, las procuradurías, el poder judicial, las secretarías de seguridad y demás instituciones, pero como han fallado en su cometido por tanta corrupción e incompetencia se crearon las comisiones de derechos humanos, respondiendo a las presiones internacionales. Lo que debió hacerse era depurar las instituciones estatales encargadas de hacer valer los derechos de los ciudadanos en lugar de crear instituciones nuevas, incompetentes, costosas y politizadas. Más tarde habrá que inventar otras para cuidar a estas.

Cuestiono también a los fundamentalistas de los derechos humanos, aquellos defensores y apologistas de estos derechos que los creen irrestrictos, olvidando que todo derecho tiene como limitante el derecho del otro. La misma Constitución, en su capítulo de garantías individuales, restringe cada uno de los derechos fundamentales al abordarlos. Por ejemplo, el derecho al trabajo tiene como limitante el que sea lícito o el que la ley pueda exigir un título para el ejercicio de ciertas profesiones. Un exceso frecuente de estos fundamentalistas es la defensa que hacen de los manifestantes que en la vía pública obstruyen el tránsito y dañan el mobiliario urbano. Los defienden a capa y espada, pero olvidan el derecho de los otros ciudadanos, que por lo general son más numerosos, a trasladarse, usar las vías de comunicación y contar con un mobiliario urbano bien cuidado. Olvidan por cierto los derechos humanos de orden ambiental, ya que al obstruir el tráfico, en la Ciudad de México por ejemplo, provocan mayor contaminación del aire. ¿Y el derecho a la salud de los demás? ¿No son las manifestaciones, y los embotellamientos que provocan, un factor detonante de gastritis, colitis, hipertensión, neurosis, ansiedad y muchos males más?

Además, las comisiones de derechos humanos a que hago referencia y muchas ONG radicales que las acompañan sólo tienen vocación y competencia cuando es algún órgano o empleado del Estado el que viola un derecho individual. ¿Y cuando un particular lo hace? ¿Y cuando los maestros rijosos del sur de la república privan de su libertad a funcionarios o a rivales? ¿Y cuando en el estado de Guerrero unos estudiantes de la Escuela Normal Rural de Ayotzinapa prendieron fuego a la bomba de una gasolinera y un humilde despachador, Gonzalo Miguel Díaz Cámara, que quiso apagarlo murió por las quemaduras sufridas después de 20 días de tormentos indescriptibles? Me pregunto por qué esa gente no ha cuestionado a los maestros normalistas y los líderes de izquierda que enviaron, meses después, a 43 jóvenes estudiantes de esa misma normal al matadero en Iguala en una curiosa relación con el crimen organizado.

Cuando era jefe de la policía me abrumaba tratar con la gente de la Comisión Estatal de Derechos Humanos. Unos eran amables, educados y preparados, pero cuando iban a verme por temas de abuso policial después de una exhaustiva investigación que había durado meses, nosotros habíamos actuado ya conforme a la ley desde mucho tiempo antes y sancionado o despedido al policía infractor. Por cortesía y por imagen aceptaba las recomendaciones de la Comisión, pero la mayoría de las veces cumplimos con estas, mientras que ellos, ufanos, las reportaban en sus estadísticas como un engañoso éxito de su gestión. El presidente Petersen me pidió que aceptara sus recomendaciones y así lo hice, pero por gusto y convicción hubiese rechazado algunas. Años antes, cuando era presidente de Zapopan, rechacé una recomendación y los de la Comisión me boletinaron como infractor. Se trataba de una burda maniobra de unos abogados que, basándose en una supuesta violación a los derechos humanos de un paciente, presentaron una queja y querían obtener dinero fácil del ayuntamiento, dinero del pueblo. Se aprovecharon del dolor de un padre que había perdido a un hijo en el hospital del municipio. Fue una muerte por enfermedad, realmente inevitable, no por negligencia médica como ellos alegaron. Yo mismo como médico estudié el expediente. Así que, defendiendo los recursos del municipio pero, sobre todo, la idea de justicia, rechacé públicamente la recomendación que me hacían para desembolsar una fuerte cantidad a su favor. Por allí se encuentra mi nombre en un boletín como infractor de los derechos humanos, pero no importa porque, además de no ser verdad, defendí, como era mi obligación, los intereses de toda la comunidad.

Constantemente teníamos problemas con la llamada "gente de la calle", en particular con limpiaparabrisas y cuidacoches o apartalugares, actividades que en realidad son una forma de mendicidad. Había múltiples quejas contra ellos y con frecuencia hacíamos operativos para detenerlos. En particular, los limpiaparabrisas eran agresivos con la gente; con el solo hecho de arrojar un chorro de agua o un trapo húmedo sobre un parabrisas, el distraído conductor se sentía, con justa razón, agredido y molesto. Para nosotros bastaba esa acción para argumentar una falta reglamentaria y arrestarlos. También era muy frecuente que anduvieran drogados y en más de una ocasión intercambiaron golpes con policías y a uno lo enviaron al hospital. Con los cuidacoches el problema era igual de complicado, pues lo que hacen es una apropiación ilícita del espacio público. La queja más común era por el acoso a automovilistas y, a veces, por la mentada de madre que les lanzaban cuando no daban propina.

México es un país de simulaciones y las actividades de la calle son parte de la simulación generalizada en que vivimos. El cuidacoches, por ejemplo, simula cuidar el coche, simula encontrar un lugar donde estacionarnos y nos lo señala, cuando es obvio que lo tenemos a la vista, simula ayudarnos a salir con los giros de su trapo, cuando no es necesario; y la gente, cuando les da dinero, simula ser solidaria, justa o caritativa, cuando en realidad sólo hace que perdure una relación económica injusta e indigna. Yo la llamo "economía del escurrimiento" por toda esa gente que vive de lo que *escurre* de la economía formal. Sería mejor diseñar sistemas económicos más justos y efectivos para resolver el grave problema de pobreza que tenemos en México, y acabar con esa infame cadena de simulaciones que además de mantenernos en la mentira altera muchas veces el orden social.

Por otro lado, la actividad de apartar lugares es una forma embrionaria del delito conocido como "cobro por derecho de piso". Apartar un lugar en la calle para luego cobrar al que se estaciona, y más si se colocó un bote u otro objeto con la promesa de que el vehículo estará seguro, sigue un razonamiento similar al de los miembros de La Familia michoacana cuando cobran a los aguacateros por cuidarlos o al de los Zetas de Tamaulipas cuando cobran a los giros negros para poder permanecer abiertos. Son conductas verdaderamente intolerables, al borde de la ilicitud y su aceptación no tiene absolutamente nada que ver con el respeto a los derechos fundamentales del ser humano. Por tanto, deben evitarse o al menos no fomentarse.

Sin embargo, creo que su abordaje por parte del ayuntamiento debe ser más comprehensivo y no limitarse a la represión, como lo hacíamos nosotros. Realmente, no creo que la gente de la calle, los limpiaparabrisas, en particular, vivan allí por gusto. Considero que cualquier acción policiaca encaminada a mantener el orden debe acompañarse de una tarea de inserción social por parte del mismo gobierno, por ejemplo, ofertas de educación, capacitación o empleo y, por supuesto, la oferta de programas de rehabilitación para aquellos que son adictos a las drogas. Hace poco, fui por el rumbo del Mercado Bola, que está en la colonia Constitución de Zapopan. Todos los cuidacoches que vi andaban hasta las orejas de droga, y las jovencitas y las familias con sus niños pasando a un lado, frente a la policía impávida a unos metros, sin hacer nada y el ayuntamiento ausente en cuanto a políticas de reinserción. Habrá seguramente alguien que tenga la vocación de vivir en la calle, y lo puede hacer sin duda, pero respetando el orden público delimitado por las leyes y sin molestar a los demás.

8

Incorporación al CISEN. Infierno y prueba de confianza

Mi paso por el Centro de Inteligencia y Seguridad Nacional (CISEN) fue un verdadero infierno. Nunca en mi vida me habían maltratado, ignorado y humillado tanto como en esa época, y recordarlo me provoca escalofrío. Tengo sueños recurrentes de cada uno de los detalles. Sufrí en aquel tiempo una severa depresión. Recuerdo los episodios de pánico que me despertaban en las mañanas, allá en nuestra casa de San Nicolás Totolapan, hecho un ovillo en la cama, sudando a pesar del frío, con taquicardia y tormentos indescriptibles.

Mi crónica timidez se agudizó, y el miedo y la inseguridad me asolaron todo el tiempo. Leí, en aquellos días, las indicaciones del antidepresivo que me recetó un amigo psiquiatra de Guadalajara y encontré el diagnóstico exacto de lo que sufría en esos momentos:

"La ansiedad social o fobia social es un miedo marcado y persistente a una o más situaciones sociales donde la persona está expuesta a personas desconocidas o al posible escrutinio de otros. La exposición a la situación temida, casi invariablemente, provoca ansiedad la cual puede alcanzar la intensidad de un ataque de pánico. Las situaciones temidas son evitadas o sobrellevadas con una ansiedad o aflicción intensas."

Sí, eso era justo lo que padecía, una aflicción intensa, persistente, cada vez más difícil de sobrellevar. Cuando caminaba por los senderos y los pasillos del complejo de oficinas donde trabajaba, en la Magdalena Contreras, evitaba el contacto con los demás; escogía rutas por las que era poco probable encontrar a alguien. Cuando veía que venía un conocido, le sacaba la vuelta para no intercambiar palabras con él. En las juntas a las que me convocaban, que eran pocas, me sentaba hasta atrás y salía antes que nadie para no cruzarme con los demás. Les tenía miedo. No era yo. Lo curioso es que nunca me he arrepentido de haber entrado a trabajar allí. Lo consideraba, y aún lo hago, mi destino natural; tenía que pasar por esa experiencia. Con el paso del tiempo, me he vuelto existencialista y esto me ha ayudado a entender muchas situaciones y aceptarlas. Después de haber transitado por diversas instituciones vinculadas con la seguridad, sentí que tenía que llegar al CISEN, la cereza del pastel, la élite de las instituciones encargadas de ese tema y lo logré. Este éxito nadie me lo quita, aunque me haya costado tan caro anímicamente. Desde allí quería hacer cosas importantes para México, como combatir la inseguridad y la violencia. Me motivaba contribuir a erradicar la corrupción, esa infección crónica que sufre México. Me interesaban además la experiencia intelectual, el conocimiento y la información que allí adquiriría.

Muchas veces me he preguntado a dónde fui a caer. No hablo mucho del tema con otras personas, por lo general evado lo que no me gusta y evito hablar de lo desagradable. Sin embargo, no dejo de cuestionarme acerca del curioso —*weird* dirían los gringos— episodio de mi vida que ahora estoy narrando. Quizá si hubiera sido más joven habría aguantado más, pero a los 55 años, edad que tenía cuando entré, uno es más sensible y los mecanismos mentales de defensa se empiezan a debilitar por lo que es más fácil ser presa de la ansiedad y el decaimiento. Cuando hablamos del tema, Tere, mi esposa, me recuerda otros periodos de mi vida en los que he sufrido y batallado por adaptarme a las circunstancias, pero ninguno es como este.

En lo que no me equivoqué fue en que al ingresar al CISEN adquiriría un cúmulo de conocimientos e información y, por qué no decirlo, de sabiduría. Lo que vi y aprendí en esta institución es invaluable y valió la pena. Ya no soy el mismo. Comencé a apreciar a México de otra manera, después de ver y oler sus entrañas. Es como si una persona visitara una ciudad hermosa y sólo recorriera su sistema de alcantarillado, las cloacas, los basureros, los bajos fondos. La impresión que queda no es la mejor de la ciudad y se aleja mucho de una realidad integral. A mí me pasó lo mismo respecto a México como nación. Vi sus cloacas y basureros, la laguna de fango en la que flota el país, la mezquindad y bajeza de mucha gente, las instituciones permeadas por la mediocridad y la corrupción, su doble moral, su infinito esquema de simulaciones. Ahora, cuando veo cosas bellas de mi país y me cruzo todos los días con gente buena, casi de inmediato me acuerdo del sucio entramado que existe en lo más profundo de buena parte de las instituciones y del débil tejido social que tenemos, y me abaten el pesimismo y la desesperanza. Pero este es el único país que tengo, así que hay que trabajar por él y continuar buscando la forma de contribuir a limpiarlo poco a poco; por lo menos el entorno en el que uno se desenvuelve, sea chico o grande, importante o aparentemente intrascendente. Ahora leo los periódicos entre líneas, intento descubrir lo que se oculta detrás de las noticias y los comentarios de los analistas, y me entero de más cosas y las comprendo mejor. Escucho a empresarios y políticos y trato de dar sentido a lo que hay en sus dichos. Mis niveles de credulidad quedaron por los suelos, y mis niveles de esperanza bastante maltrechos. En un país de simulaciones como México lo que no se ve es más importante que lo que se ve. Salí más sabio de esa experiencia, como suele salirse del infierno que son las depresiones —cuando se sale—, pero no siempre esa sabiduría va acompañada de satisfacción.

Debo subrayar que tanto el director general como su equipo directo de colaboradores siempre me trataron muy bien. De ellos nunca recibí una ofensa o un rechazo, por el contrario, siempre fueron amables, obsequiosos y me apoyaron en lo que estuvo en sus manos. Me sentía a gusto entre ellos y cuando iba a verlos a sus oficinas o venían a la mía conversábamos con entera confianza. Es más, la mayoría compartía conmigo la visión que fui acuñando sobre la institución y el bajo concepto en que tengo a los burócratas, a los funcionarios operativos de toda la vida que, enquistados en el CISEN, no tenían otra intención que mantenerse en sus puestos, acrecentar sus privilegios, incorporar a sus protegidos y hacer como que trabajaban para seguir viviendo de su hueso. Tipos mediocres y oscuros que, dirigidos desde la secretaría general, segundo mando a bordo, se dedicaban a cuidar sus espacios de poder en vez de cuidar al país como era su obligación. Inventaban programas y proyectos con nombres que no decían nada y absurdos acrónimos con la sola intención de simular que trabajaban, de alardear de su conocimiento, acumular poderes, llamar la atención, atraer para sí y para su clientela privilegios y presupuestos. Querían aparentar ser importantes, y sin dar resultados buscaban aumento de salario y prestaciones tan absurdas e injustificadas como el pago de un sobresueldo por riesgos inexistentes. ¡Como si en la comodidad de sus oficinas fueran a atentar contra ellos! Nunca le vi forma ni futuro a muchos de sus planes, propuestas y proyectos, es más, no los entendía. Pasaron los meses y, efectivamente, lo que propusieron dio magros resultados cuando pretendieron aplicarlo. Mientras ellos cuidaban sus corralitos el país seguía en llamas y hombres y mujeres morían como moscas.

Poco más de tres meses después de haber ingresado al

CISEN, el último día de febrero de 2010, presenté al director general mi renuncia. Le dije que ya no podía más, que estaba abatido y desesperado, le di mis razones y le pedí que me dejara ir. No lo aceptó. Me respondió: "No te voy a dejar ir, Macedonio", y no me dejó ir.

ENTRÉ A TRABAJAR formalmente al Centro de Investigación y Seguridad Nacional el lunes 16 de noviembre de 2009, pero como era día feriado por el aniversario de la Revolución, inicié mis labores el día siguiente. Fue paradójico para mí que mi primer día de trabajo coincidiera con un mexicanísimo puente. En Guadalajara, de donde venía, mis enemigos de la Secretaría de Seguridad del estado habían difundido el rumor de que mi súbita ausencia se debía a que estaba arraigado por la SIEDO por algún ilícito, cosa que hasta la fecha se llega a mencionar de repente. Nada más lejos de la realidad. Estaba entrando a una institución de élite en la que seguramente ninguno de ellos hubiese sido admitido por malandro. Días antes, los miembros del equipo personal del director general habían iniciado con éxito el procedimiento de mi incorporación. Me entregaron mi gafete y mi oficina, me mostraron las instalaciones, abrieron mi cuenta de internet, me proporcionaron un teléfono celular y me había dado unos papeles que tenía que firmar. Me asignaron también un asistente, que resultó muy eficiente.

En una de nuestras conversaciones, el director me dijo cierta ocasión: "El CISEN es endogámico", refiriéndose a que la gente que trabajaba allí tenía la tendencia a formar grupos cerrados y protegerse mutuamente. Le respondí que era el factor humano, que era hasta cierto punto normal que eso sucediera en todos lados, pero que cuando las sociedades, las instituciones o las familias eran endogámicas degeneraban y se corrompían, que por eso era bueno que entrara sangre fresca para favorecer una evolución. Yo me sentía parte de esa tan necesaria sangre fresca que habría de renovar y fortalecer al Centro. Al pretender entrar al CISEN, a lo largo de mis últimas semanas como jefe de la policía de Guadalajara y una vez que se me hizo la invitación formal y cumplí con los requisitos, sinceramente pensé que con mi experiencia acumulada como jefe policiaco de una ciudad grande y complicada, como presidente municipal, como director de un instituto autónomo de ciencias forenses y como político, podría contribuir a la seguridad nacional. No me dejaron hacerlo.

Transcurrieron un día, dos, tres, diez, quince, y no pasaba nada. Nadie me hacía caso, nadie me hablaba, no me daban una indicación, no recibía información alguna, no se me convocaba a ninguna reunión de trabajo. Tratándose de una institución de inteligencia, de una especie de servicio secreto, hasta llegué a pensar si esa tardanza no sería parte de un extraño procedimiento de iniciación. En los servicios de inteligencia existe el principio de compartimentación, que consiste en que cada quien sólo debe saber lo necesario para desempeñar su trabajo. Este principio sirve para proteger la información, la institución y a los que trabajan en ella. ¡Pero en mi caso no me permitían saber ni siquiera lo que me correspondía a mí! Paulatinamente, sin ser paranoico, me di cuenta de que en realidad se trataba de un premeditado proceso de exclusión y rechazo que se fue agudizando con el tiempo.

En algún momento, el director me encomendó al área operativa, dependiente de la Secretaría General, y se esbozó un esquema de las funciones que habría de realizar. Me había puesto bajo el mando de un par de imbéciles que serían formalmente mis jefes. No sólo me ignoraron sino que hicieron todo lo posible por que me sintiera incómodo y excluido. No me convocaban a las juntas de la coordinación a la que pertenecíamos, me compartían la información a cuentagotas cuando llegaban a informarme algo, y no respondían a mis llamadas ni a mis correos. Ni siquiera sus secretarios respondían a los mensajes que, pidiendo instrucciones, les enviaba constantemente. Mientras tanto, yo empezaba a desesperarme, deprimirme, sentirme menos y a revivir otros periodos de mi vida en que me sentí mal. Como cuando entré a estudiar a la Escuela Libre de Derecho cuarenta años atrás, donde mis compañeros, por venir del norte y hablar como ranchero, dijeron: "Hay que dejarlo como perro en el periférico". Así me dejaban ahora de nuevo y así me sentía.

Por esos días el director nos dio la indicación, al coordinador, que era mi superior, y a mí, de que la siguiente semana fuéramos a Culiacán a ver unos asuntos de coordinación con las demás autoridades federales y locales. Me emocioné por la que sería mi primera experiencia de trabajo ¡en Sinaloa!, uno de los estados más golpeados por la delincuencia organizada. Por fin comenzaría a hacer cosas de provecho. Estudié expedientes, conseguí —con mucha dificultad porque no me las querían compartir— las minutas de las reuniones previas para conocer los temas y preparar mi eventual intervención en la siguiente reunión, estudié con detalle el diagnóstico criminológico de la entidad y esperé con ansia la confirmación del viaje y la convocatoria final. Nunca me convocaron. La semana siguiente me enteré, por boca del inútil que fungía como secretario particular del coordinador, que el viaje ya se había realizado y no me habían convocado dizque porque no había lugar en el avión de la PGR que llevó a la delegación federal a aquella ciudad. Como si no hubiera todos los días varios vuelos comerciales a ese destino. Fueron a ese viaje los de las secretarías de Defensa, Marina y de Seguridad, los de la PGR, los de Presidencia de la República, el coordinador del CISEN, pero yo no, quien teóricamente era el encargado de ese tipo de reuniones. Me sentí como un imbécil. Volví a mi oficina echando madres, enojado y decepcionado a la vez, y con la confianza en mí mismo minada. Esos miserables comenzaban a lograr su objetivo.

Así fueron las primeras semanas: perdía el tiempo en mi oficina, navegaba en internet, leía la prensa o la novela en turno. Redactaba mecánicamente fichas de temas de seguridad nacional que, a esas alturas, sospechaba que no me servirían de mucho porque simplemente estaba excluido. Vivía esperando a que me llamaran. En ocasiones, hacía una discreta llamada al secretario particular del director, quien siempre me atendió muy bien, para insinuarle lo que estaba pasando. Me fui desencantando. Lo malo de hacerse muchas ilusiones es que cuando no resultan cae uno en el abismo. Llegó el fin de año y con él las fiestas, la interrupción de algunas actividades y las vacaciones de buena parte del personal. Yo no salí porque había ingresado recientemente a la institución. Me quedé todavía más solo y aislado en esas enormes oficinas. Casi no había gente. Hacía mucho frío —se veía nieve en el Ajusco— y oscurecía muy temprano. De la misma forma se oscurecía mi talante. En año nuevo, fui a la oficina de uno de los directores a tratar no sé qué asunto. Cuando iba a entrar escuché voces de conversación y algo de música en volumen bajo. ¡Estaban festejando! Y no me convocaron a pesar de ser uno de los de más alta jerarquía en ese grupo de trabajo. "Ojetes", pensé, y regresé a mi espacio sin siquiera saludar. No es que tuviera muchas ganas de verlos o convivir con ellos, pero me sentí mal.

Lo que puedo decir de mis funciones en este libro de memorias es que tenían que ver con la lucha contra la delincuencia organizada. Mis actividades se relacionaban con la coordinación entre autoridades federales y estas con las autoridades locales. Sonaba muy interesante e importante y, creo, se tenían grandes expectativas acerca de mi participación. A pesar de las adversidades, paulatinamente asumí otras tareas y comencé a involucrarme en reuniones y viajes a diferentes lugares de la república y el extranjero como Culiacán, Tijuana, El Paso y Ciudad Juárez, San Luis Potosí y Veracruz. Preparaba mis actividades con esmero y dedicación, pero nunca estuve satisfecho. La información que necesitaba me la pasaban incompleta, no me la pasaban, o era incomprensible. Por esos días escribí en un diario que llevaba: "La gente del CISEN me pasa la información a cuentagotas… O me sobreestiman y creen que ya tengo conocimiento y capacidades para todo, o quieren que me joda. Me inclino por lo segundo". Estábamos apenas en febrero y ya pensaba así. Comenzaba a creer en que quizá no tenía yo la capacidad para esas funciones, preludio de la depresión. En las reuniones mis intervenciones no era de mucha trascendencia. A veces me convocaban a última hora a juntas cuyo contenido desconocía, de tal modo que asistía a quedarme callado o a hacer, para salir del paso, alguna tímida intervención, y quedaba mal o al menos así lo percibía. El coordinador trataba a mis espaldas con quienes se suponía que eran mis subordinados, quienes realizaban tareas y tenían en las reuniones intervenciones que me hacían aparecer, o sentirme, como un monigote pintado en la pared.

En tan poco tiempo hubo tantos y tan graves actos de indiferencia y hostilidad que mi malestar inicial se convirtió en agonía. También contribuyó a esta sensación que yo había forjado enormes expectativas respecto a este nuevo trabajo, tanto en lo personal como en mi vocación por hacer algo por este país. Me empecé a deprimir. Comencé a sentir paulatinamente los síntomas de la depresión: desmotivación, tristeza, baja autoestima, ganas de no hacer nada, temor de ver y enfrentarme con la demás gente. Estaban ganando la partida los de enfrente, los burócratas de siempre, los endogámicos. Querían conservar sus espacios para ellos y su gente; me trataban con dura indiferencia y bloqueaban premeditadamente a alguien que de buena fe se había acercado a la institución. Poco después de entrar al CISEN asistí a unos cursos de inducción útiles e interesantes. A los de nuevo ingreso nos felicitaron por pasar los exámenes y cumplir con los estrictos requisitos de admisión; nos dijeron que debíamos sentirnos orgullos de pertenecer al CISEN. Así me sentía los primeros días. Pretendían inculcarnos un saludable sentido de pertenencia. Todo eso, a esas alturas, se estaba haciendo trizas. Quedaba, por supuesto, mi compromiso moral con el director que me había traído de Guadalajara, pero nada más.

A pesar de todo, no dejé de mantener mis sentidos despiertos y viva mi curiosidad. Aprendí mucho sobre lo que deben ser los servicios de inteligencia, sus principios y valores, su importancia para el país. Además de detalles técnicos, en el curso de inducción nos enseñaron la importancia de ser discretos y reservados. Nos dijeron que cambiaríamos mucho en lo personal y que a partir de nuestro ingreso a la institución no interactuaríamos tan fácilmente ni como antes con nuestro círculo de amigos. Que a pesar de la inevitable huella de nuestra presencia nunca había que dejar rastro de nuestras acciones. Que debíamos adoptar costumbres como no dejar papeles sobre nuestro escritorio, no tomarnos fotos, no revelar información de más por teléfono a pesar de estar hablando con uno de los nuestros, y cuidarnos de los correos electrónicos. Nos dijeron que teníamos que ser exagerados en todo esto por nuestra propia seguridad y la de la institución. También nos enseñaron que nunca debemos solicitar autorización para algo que no pudiera ser concedido por estar fuera de la ley, ni solicitarla para cumplir con lo que nos exige la ley. Que a nuestras fuentes de información debemos respetarlas y protegerlas de riesgos innecesarios; tratarlas con humildad pero con firmeza. Decir siempre la verdad a nuestros jefes, nunca mentirles. Siempre insistieron en que nuestra labor era de inteligencia: recabar información y darle certidumbre para que los que toman decisiones lo hagan bien.

—¿A qué viniste, Macedonio? —me preguntó el director de información, que a su vez era el jefe de los jefes de estación estatales, muy serio y con sus ojos azules desorbitados de furia.

—A la reunión de delegados —contesté nervioso, presintiendo por la mirada del otro que algo malo iba a suceder—. Ayer me dijo el coordinador que asistiera a esta reunión para…

—¡Pues me fallaste, Macedonio! ¡Me fallaste! —me gritó el estúpido—. Yo te había dicho que cuando tuvieras algo que tratar con "mis" delegados me dijeras a mí primero y pidieras mi autorización y ayer le llamaste directamente al delegado de Veracruz para avisarle que venías y pedirle que mandara a alguien por ti al aeropuerto. ¡Me fallaste! —volvió a gritar en un estallido de neurosis.

—Es que ayer el coordinador me ordenó que viniera y… —no me acuerdo qué explicación di, o tal vez no me quiero acordar. La di balbuceando, con voz entrecortada. Derrotado como pocas veces he estado en mi vida. Fue uno de los momentos más humillantes que he sufrido, pero tengo que recordarlo y dejar constancia de ello; es parte de esta historia.

Sucedió en el comedor del Hotel Camino Real de Veracruz donde todos los delegados de la región del Golfo estaban desayunando. Los que estaban en la misma mesa y en las adyacentes guardaron silencio. Disciplinados, servidores públicos de muchos años, sabían que en esos momentos hay que callar y disimular. Probablemente ya estarían acostumbrados a los exabruptos de su jefe. Yo no. Esos gritos acabaron de arruinar el ya de por sí endeble estado de ánimo que tenía por esas fechas. Ahora me pregunto por qué no reaccioné como debía, siempre he sido un hombre consciente de mi honor y mi dignidad. Yo creo que no reaccioné porque a esas alturas, a los tres meses de haber entrado al CISEN, me sentía derrotado por el medio tan adverso. Debí haberle gritado yo también o haberle dado una bofetada, debí mentarle la madre o echado encima la jarra de jugo que tenía enfrente, aunque me hubieran corrido. Aunque hubiera decepcionado al director con quien me sentía en deuda. Nada de eso hice y ahora me arrepiento de no haberlo hecho. No lo he vuelto ni lo volveré a permitir.

Fue una trampa. El día anterior, ya tarde, el coordinador me había ordenado ir a esa reunión de jefes de estación del Golfo en Veracruz. Me lo dijo a última hora. Me dijo que ya estaban listos los boletos de avión de Mexicana. Yo, emocionado, pensando ingenuamente que ahora sí desempeñaría funciones más concretas y efectivas relacionadas con mi cargo, me entusiasmé mucho. Llamé, inocentemente, al delegado de Veracruz para informarle de mi llegada y me puse a estudiar expedientes, diagnósticos y minutas para hacer un buen trabajo al día siguiente a lo largo de la reunión tan anhelada. Fue una trampa. A esa conclusión he llegado con el paso del tiempo.

Me senté a medio mordisquear una concha y hacerme el distraído con una taza de café. La conversación se reanudó en todas las mesas. Un rato después, con los ánimos por los suelos y los ojos pesados por el llanto contenido, salí al estacionamiento del hotel a fumar un cigarro. Por esa época fumaba mucho. Esperaba que la brisa que venía del Golfo de México, que tenía enfrente, disipara mis angustias. Me sentía agredido, humillado. Recordé el *bullying* del que era víctima cuando estaba en primaria y secundaria. Cómo mis

compañeros, que eran más fuertes, más pesados o más au-
daces, se burlaban de mí y me maltrataban, y yo acababa
igual que hoy, con los ojos pesados del llanto contenido y
con ganas de matar.

Volví al restaurante. Las cosas seguían como si nada.
Todo el mundo se estaba preparando para ir a las oficinas de
la estación y llevar a cabo la reunión de trabajo. A lo lejos,
observándome, vi a mi jefe inmediato. Me dio la impresión
de que disfrutaba el momento. Fue cuando comprendí que
había sido una trampa. Asistí a la reunión sin muchas ganas.
Ahora pienso que debía haberme ido al aeropuerto y regre-
sado a México, pero no tenía ánimo de nada defensas. Fue el
19 de febrero de 2010. Un viernes fatídico.

DOS DÍAS DESPUÉS, el domingo, volé a Ciudad
Juárez con el ánimo por los suelos. Asistiría a un taller binacional sobre la Iniciativa Mérida, ese acuerdo celebrado entre
México y Estados Unidos sobre seguridad. Se celebró en Fort
Bliss, en El Paso, Texas, con la asistencia de militares, civiles
y policías de ambos lados de la frontera. De última hora nos
ordenaron ir, sin ninguna información ni inducción previas,
a una serie de funcionarios federales de diversas secretarías.
Por esta razón no pudimos aportar gran cosa en las intervenciones. Además, el perfil de algunos asistentes era muy bajo o
francamente inadecuado. Por ejemplo, un policía federal de
no muy alto rango fue el encargado de describir las características de la policía municipal de Ciudad Juárez que, curiosamente, no fue invitada. Al final de los cinco días que duró
el taller, acabé con la impresión de que los americanos tenían

ya todo preparado, incluyendo las conclusiones, y que toda esta reunión había sido sólo un montaje justificatorio. A pesar de mi estado de ánimo tan deteriorado me daba cuenta de las cosas. Al poco tiempo, trascendió que pronto habría una auditoría del gobierno americano sobre el uso de recursos del Plan Mérida y que por eso se había organizado al vapor esta reunión. Y allí estábamos todos, obedientes, calladitos, participando en una colosal obra de teatro escrita por quién sabe que lejano y misterioso dramaturgo. Para desazón mía, durante el vuelo me tocó como compañero de asiento mi jefe inmediato, ese que, impávido, había observado mi humillación en Veracruz dos días antes y me había agredido en varias ocasiones. Durante las tres horas que duró el vuelo de la Ciudad de México a Ciudad Juárez ¡no me dirigió la palabra! De ese tamaño era el desprecio que me tenía. Y yo a él. Me entretuve leyendo el libro *La hora estelar de los asesinos,* del checo Pavel Kohout, que me regaló mi amigo Gabriel Gómez López. Siempre he relacionado las épocas de mi vida con lo que estoy leyendo, por eso lo recuerdo bien. Unos whiskies ayudaron a relajarme.

La hostilidad de ese miserable se expresó una vez más en cuanto comenzaron las sesiones. Se hicieron varias mesas de trabajo en el taller. Por haber sido jefe policiaco durante tres años mi destino lógico era incorporarme a una en que analizara la situación de seguridad de Ciudad Juárez. Allí pude haber hecho algunas aportaciones y, por supuesto, me hubiera sentido mejor, pero mi jefe me indicó incorporarme a una mesa con la que no tenía mucho que ver por mi perfil, la de tecnologías de la información. No aporté absolutamente nada, y entre el desasosiego que sentía y mi estado de ánimo estuve callado casi todo el tiempo e incluso al final pude escaparme de las reuniones y salir a fumar al patio, tiritando de frío, perdiendo la vista en los cerros pelones que rodean el fuerte, pensando tonterías. Ya no me importaba nada. Aun así pude darme cuenta de que había cosas raras. Se discutió el equipamiento para el Centro de Reacción Inmediata (CERI), central de comunicaciones de la policía municipal de Ciudad Juárez que por mucho tiempo dio problemas porque estaba en manos de gente vinculada a uno de los cárteles, que en lo sucesivo sería manejado por el gobierno federal. Los norteamericanos tenían todo armado y ya lo habían hablado con el representante del Sistema Nacional de Seguridad mexicano. Observé cierta preferencia para una empresa norteamericana de equipos de comunicación; hasta nos mostraron en una de esas reuniones la lista de precios de los insumos que se adquirirían. Se cambiaría un equipo francés por el norteamericano a través de un procedimiento que, por sí mismo, resultaba muy costoso y además era sospechosamente innecesario. Concluí algo que abonó a mi decepción: esa mesa de trabajo había sido un montaje y los asistentes sólo estábamos ahí para avalar decisiones ya tomadas.

Nos hospedamos en el hotel Camino Real de esa ciudad. Un camión nos llevaba a nuestro hospedaje después de las sesiones. Yo me aislaba, no quería ver a nadie. Evitaba cenar o desayunar en el restaurante del hotel; pedía mis alimentos al cuarto y los consumía viendo distraídamente la tele, zapeando a lo tonto canales de transmisión abierta. Por lo menos un par de noches, saqué la vuelta a los corrillos de funcionarios mexicanos que convivían en bares y restaurantes cercanos al hotel y caminé unas cuadras hasta encontrar donde cenar en solitario. Me recuerdo sentado en la barra de un solitario bar, a media luz, comiéndome una hamburguesa y tomando vino tinto, con música de la década de 1970 de fondo. Pocas veces en mi vida me sentí tan atormentado. Por esos días logré que me prestaran una computadora en el cuartel y crucé correspondencia con Tere y mi hijo Bernardo. Conservé copias y ahora que las leo revivo mi estado de desesperación y advierto que ya se estaba fraguando mi decisión de renunciar. El último día de sesiones, escribí a mi amigo el secretario particular del director y le pedí una cita con él para presentarle mi renuncia.

9

Realidades de la Seguridad Nacional: Sinaloa, Michoacán, Ciudad Juárez

EL CENTRO de Investigación y Seguridad Nacional (CISEN), órgano desconcentrado de la Secretaría de Gobernación (SG), debería llamarse Centro de Inteligencia ya que en realidad esa es su función, pero por escrúpulos de la izquierda se rechazó este nombre porque sugería represión y espionaje; nada más alejado de la realidad. La seguridad nacional se refiere a la necesidad de garantizar la integridad, permanencia y estabilidad del Estado mexicano; la premisa fundamental es que debe haber un Estado que vele por los intereses colectivos. La seguridad nacional se ve afectada cuando existen riesgos y amenazas, conceptos claramente establecidos en la ley. La amenaza es algo que está en marcha, mientras que el riesgo es potencial, aunque hay que cuidarse de ambos. A fin de salvaguardar la seguridad nacional, todo Estado moderno debe contar con servicios de inteligencia. Cuanto más democrático sea el Estado, sus servicios de inteligencia tenderán a ser más analíticos; si, por el contrario, el Estado es autoritario, los servicios de inteligencia serán más policiales. Decían los cubanos encargados de la inteligencia de su país que ellos no hacían análisis "porque Fidel lo sabe todo".

El presidente Fox despreciaba al CISEN. Nunca entendió su importancia para la seguridad de un Estado moderno como el nuestro y siempre quiso recortarlo. En su ignorancia, y escuchando malos consejos, pensó en desaparecerlo o por lo menos minimizarlo. De hecho así lo hizo. Achacaba al CISEN las filtraciones a la prensa que, durante su campaña, hubo sobre su persona y sus negocios. Nunca se podrá saber con certeza si salieron de allí, pero no queda duda de la desconfianza que el primer presidente de la alternancia le tuvo al CISEN. Le redujo el presupuesto; cuando estuve allí escuché que sus funcionarios a veces tenían que hacer una cooperacha para pagar el recibo de la luz. También fue desmantelada su plantilla laboral y muchos de sus elementos más valiosos fueron enviados a otras dependencias, como la Policía Federal Preventiva (PFP). Justo en esa época de transición, a finales del sexenio de Zedillo, el CISEN actuó con responsabilidad e informó al gobierno federal sobre la posibilidad de que el PAN ganara las elecciones presidenciales. Su último director de la era priista señaló en una entrevista: "Nuestros insumos y nuestros productos sugerían que iba a ganar Acción Nacional. Esos productos se presentaron en reuniones de gabinete, en las que también presentamos probables cursos de acción para atender ese resultado con el ánimo de que hubiera una claridad absoluta respecto a lo que tenía que hacer el gobierno mexicano en aras de una transición ordenada y responsable". Mientras tanto, los allegados a Francisco Labastida, candidato del PRI a la presidencia, le decían al oído que iba arriba en las encuestas, y él les creía.

La seguridad pública, a diferencia de la que se concibe como nacional, es la obligación que tiene el Estado de proteger los derechos fundamentales de sus ciudadanos, como la vida, el patrimonio, la integridad corporal. La seguridad nacional es facultad del gobierno federal, en tanto que la seguridad pública es competencia de los tres niveles de gobierno: federal, estatal y municipal. La principal herramienta de la seguridad nacional es el conocimiento; de allí el origen de los servicios de inteligencia. Por su parte, los instrumentos más visibles de la seguridad pública son los coactivos como la fuerza policiaca. Cuando la seguridad pública es tan frágil que se afectan los derechos de la mayoría, y existen regiones del territorio donde la autoridad no tiene control, estamos entonces ante un problema de seguridad nacional. Esto es lo que sucede en México desde hace diez años, aproximadamente. La seguridad nacional también comprende temas como la economía, la subversión, la educación, el sindicalismo, las epidemias, los ciclones, los terremotos, etc. Sin embargo, actualmente el tema de la seguridad nacional está "criminalizado" —como se dice en el argot de inteligencia— debido a la proliferación y gravedad del tema de la delincuencia organizada.

A diferencia de Fox, el presidente Calderón sí entendió la importancia de una institución como el CISEN. Puesto que es la instancia encargada de la seguridad nacional, por doctrina y por ley, Calderón le confió los temas de delincuencia organizada y violencia que se multiplicaron durante su mandato. Además, según lo percibí y lo escuché varias veces, en el ánimo del Presidente hacia el CISEN también influyó la confianza que tenía en su director y la desconfianza que, en mayor o menor grado, sentía hacia otras instancias y hacia algunos de sus mandos. Fue así como una institución destinada a realizar labores de inteligencia se involucró —indebidamente desde el punto de vista doctrinario— en operaciones específicas contra la delincuencia, en particular en labores de coordinación. Ahora pienso que no había opción; se trataba de un caso excepcional de extrema urgencia. Igual sucede con el ejército cuando ha tenido injerencia en la seguridad pública; no es su competencia ni corresponde a su naturaleza, pero a veces no hay opción. Sin embargo, después de las crisis, se debe volver a la normalidad. No es conveniente alejarse del misión encomendada a las instituciones. Luego de haberme asomado a casi todas las instituciones federales, me quedo con la idea de que, a fin de cuentas, sólo el CISEN y la Marina son hasta ahora las más confiables.

Si bien había individuos que navegaban sin hacer olas para transitar de un sexenio a otro y seguir cobrando abultados sueldos y compensaciones, también había otros cuyo trabajo tenía tintes heroicos. Había delegados estatales —jefes de estación— que, desesperados por tanto desorden y tanta impunidad, sobrepasaban sus funciones y se involucraban en lo operativo para organizar ataques contra la delincuencia con la información que iban recabando. Identificaban a las autoridades federales o locales en las que se podía confiar y organizaban su tarea pasándoles datos sobre la ubicación de blancos o la realización de operaciones criminales. A veces, en algunos estados, eran estos los únicos actos de autoridad que daban resultados. Además, por la falta de confianza, era raro que se convocase a mandos estatales o municipales para este tipo de operativos.

En mi opinión, considero que fue un error declarar la guerra a la delincuencia organizada. No cuestiono las acciones contra esta actividad ilícita ni la contundencia con que se realizaron, sino el término *guerra* en sí y el anuncio de la declaración. De la misma forma, critico la relevancia que adquirió el tema de la guerra contra la delincuencia organizada, así como la actitud y los comunicados del gobierno federal durante el sexenio 2006-2012. En materia de seguridad, se actúa y ya, sin previo aviso. En todo caso se dan a conocer los resultados después, una vez concluidas las operaciones; de lo contrario, se pone sobre aviso a los responsables y se fomenta la sensación de inseguridad y miedo de los ciudadanos. Cuando yo era jefe de la policía de Guadalajara nunca anunciaba lo que iba a hacer en materia de operaciones. Si, por ejemplo, había pandillerismo en Santa Cecilia o en Oblatos, o había un exceso de robos de autopartes en el barrio de Santa Tere, mandaba patrullas y ponía orden; luego daba a conocer lo que de ello resultaba. De igual forma actuaba si iba a cambiar a un comandante corrupto en una de las zonas de la ciudad o a redoblar la vigilancia en un sector.

En las tareas de inteligencia, la primera etapa consiste en

allegarse información veraz y confiable, y mediante un análisis riguroso, crítico, darle valor agregado para que sea útil al usuario en la toma de decisiones en beneficio del país, en defensa del Estado. Tratándose del CISEN ese usuario es, desde luego, el Presidente de la República. Por tanto, en el ciclo de inteligencia existen las fases de planeación, recolección, análisis y explotación. Esto no significa necesariamente espionaje, ni operaciones de intervención como las que vemos en los *thrillers* de acción donde organizaciones como el MI-6 británico, la CIA o el Mossad efectúan maniobras espectaculares. México está muy lejos de eso. Al menos yo no vi otra cosa.

El espionaje no es necesario, salvo en casos extremos. Algo que aprendí cuando estuve en ese ambiente fue que por lo menos 90% de la información que se necesita sobre una persona, una institución o un hecho se encuentra en fuentes públicas. Basta con saber leer la prensa, las redes sociales, los boletines judiciales y otras fuentes para enterarse de todo lo que se necesita. Simplemente, es preciso tener paciencia, curiosidad y adoptar una metodología. Los pocos casos de verdadero espionaje de los que me enteré fueron contra el crimen organizado y siempre, como marca la ley, con autorización judicial. Jamás vi ningún caso de espionaje político. Había investigación y análisis políticos, como debe suceder cuando se tiene la misión de proteger al Estado, pero esto tenía como origen casi exclusivo las fuentes abiertas. Los políticos son habitualmente extrovertidos, así que basta con lo que declaran o ver con quién andan para enterarse de muchas cosas. Una sola foto aparecida en un periódico o en las redes sociales puede dar más información que diez micrófonos ocultos.

Había, sin embargo, anécdotas de épocas no muy lejanas que se repetían en los pasillos del Centro, como internamente se llama al CISEN. Como el caso de un secretario de Gobernación panista cuya debilidad eran las mujeres y tenía varias novias —a las que el Centro investigaba y daba seguimiento—; llegaba a extremos como el de cerrar todo un piso de un hotel de lujo en Paseo de la Reforma para sus parrandas. ¡Todo un secretario de Gobernación! Bien decía Henry Kissinger que el poder es afrodisiaco. Este era, sin duda, un tema de seguridad nacional. También se dio un escándalo protagonizado por ex funcionarios del CISEN quienes, después de dejar la institución, establecieron un servicio privado de espionaje con toda la formalidad jurídica —Seguridad Privada Inteligente Proveedora de Soluciones Activas, S.A. de C.V.—, que seguía protocolos y metodologías de aquella institución. Lo digo sin ambages porque el escándalo fue publicado con detalle por la prensa a mediados de 2009. Este servicio fue contratado por un cártel político del Estado de México originario de Atlacomulco y era pagado por el propio gobierno del estado, entonces gobernado por Peña Nieto, a través de una dependencia policial mexiquense conocida como Cuerpos de Seguridad Auxiliares del Estado de México (CUSAEM). Esta empresa se dedicó principalmente a espiar a políticos del PRI pertenecientes a grupos rivales, aunque también a algunos de otros partidos. Intervenían llamadas telefónicas, correos electrónicos, entre otras cosas, y tenían como sede de actividades dos domicilios en Naucalpan. Cuando esos lugares fueron allanados por la Policía Federal encontraron fichas sobre Manlio Fabio Beltrones —el denunciante—, Andrés Manuel López Obrador, Marcelo Ebrard,

Juan Camilo Mouriño, Beatriz Paredes, Ricardo Monreal y Jesús Murillo Karam, entre otros. El problema político que estalló tiempo después, y que jamás se publicó, es que también se había espiado a la novia —que después sería esposa— del entonces gobernador de aquel estado, quien se convirtió en presidente de la república con el paso del tiempo. Luego no hallaban qué hacer con las grabaciones.

Es usual, por tanto, que después de salir del CISEN algunos elementos se dediquen a realizar investigaciones de todo tipo. El problema es cuando lo hacen de manera ilegal. Mientras acudan a fuentes abiertas y se abstengan de intervenir teléfonos y otro tipo de comunicaciones no hay problema, pero con frecuencia ocurre lo contrario. En el verano de 2010 trascendió a los medios que se habían intervenido llamadas telefónicas de los gobernadores de Oaxaca y Veracruz, Ulises Ruiz y Fidel Herrera, respectivamente. Por ese entonces, se acusó a un antiguo delegado del CISEN en Chihuahua que fue removido de su cargo a comienzos del sexenio de Fox por haber hecho mal las cosas, de tener que ver con esas escuchas. Dentro del CISEN había intentado investigar la presunta vinculación del procurador de aquel estado con el narcotráfico, cosa que enojó al gobernador y lo llevó a denunciarlo ante sus jefes y fue despedido junto con otros de sus compañeros. Al parecer, ahora continuaba con esas actividades pero de manera ilegal y por iniciativa privada. Lo más curioso es que no tengo noticia de que alguno de estos espías esté en la cárcel.

En aquellos años estuve trabajando en temas relacionados con el crimen organizado, tanto en materia de inteligencia —investigación y análisis— como en operatividad, en rela-

ción con actividades de coordinación con autoridades federales, estatales, municipales y, eventualmente, extranjeras.
Como ya he explicado en capítulos anteriores, independientemente de los problemas personales que tuve, esta actividad
de carácter oficial me permitió conocer las entrañas de México de una manera extraordinaria y profunda, especialmen-
te lo que se refiere a la delincuencia organizada, el narcotráfico y la corrupción, la madre de las dos anteriores.

Cuando fui a México a trabajar al CISEN idealizaba al
gobierno federal. Veía yo de lejos, desde la perspectiva de un
jefe policiaco municipal, instituciones federales sólidas que
generaban confianza. Sin duda, una percepción equivocada.
Después de conocer el cochinero que había en Jalisco en materia de seguridad, tenía la esperanza de que a nivel federal
las cosas estarían mejor. Hasta la PGR, con la que había tenido serios problemas en el ámbito local, me la imaginaba
en México con otro tipo de gente y resultados distintos. Lo
que había visto en Jalisco era casi exclusivamente mediocridad e ineficiencia. Mucha corrupción y complicidades. Tal
vez por eso busqué emigrar a una de esas instituciones, para
continuar desde un plano más elevado mi vocación por la
seguridad.

Con el paso del tiempo, me encontré con la sorpresa de
que el gobierno federal es, en términos generales, terrible-
mente ineficiente. No deja de ser mexicano, con todo lo que
esto significa, pero lo había olvidado. Es como un paquider-
mo al que hay que estimular por todos lados para moverlo.
Para que se tome una decisión, y más aún, para que se eje-
cute y haya resultados, tiene que pasar mucho tiempo, deben
coincidir muchas voluntades, vencerse muchas contradic-

ciones y casi siempre gastar mucho dinero. ¡Qué costoso es el gobierno federal! Desde la configuración de los sueldos hasta la facilidad con que se asignan onerosos presupuestos a proyectos inviables. Y los más de cincuenta millones de pobres que existen permanecen, mientras tanto, en el abandono. A lo largo de mi vida he estado en los tres niveles de gobierno. Prefiero el municipal porque allí se tiene contacto directo e inmediato con los ciudadanos y se pueden tomar con facilidad decisiones que los benefician. El gobierno federal es lejano y abstracto. Es complicado y costoso y, al menos en México, altamente ineficiente. Pero, en fin, ya estaba yo allí y había que echarle ganas.

A FINALES DE ENERO de 2010 fui, ahora sí, a Culiacán. Se trataba de un viaje en el que nos entrevistaríamos con las autoridades estatales a fin de intercambiar información y establecer una mejor coordinación. Todos los federales volamos a aquella ciudad en un avión Grumman de la PGR. Nos recogieron en el aeropuerto y nos llevaron en un convoy, fuertemente resguardado por vehículos blindados del ejército y un helicóptero, hasta el palacio de gobierno. Era imponente, pero no llegué a acostumbrarme del todo. Llegamos en pocos minutos a la sede del poder ejecutivo del estado, uno de los edificios públicos más espantosos que he visto en mi vida. Lo único agradable a la vista son las palmeras que tiene alrededor, así como la decoración con cuadros y artesanías locales. Las condiciones de seguridad en el estado de Sinaloa se estaban deteriorando: en 2009, hubo 1 251 ejecuciones, y en los días que habían transcurrido del mes de enero de 2010, llevaban 203 ejecuciones (en promedio, siete por día). Asimismo, estaban aumentando los enfrentamientos entre delincuentes y había ejecuciones en municipios donde hacía tiempo no sucedía. De todo el estado llegaban noticias de numerosos convoyes con personas fuertemente armadas y aparecían cuerpos mutilados, decapitados y colgados de los puentes. La gente estaba asustada y los gobiernos, tanto municipales como del estado, preocupados; pedían, con desesperación, el apoyo de la autoridad federal.

Siempre que teníamos estas sesiones de trabajo, nos reuníamos primero los funcionarios federales para intercambiar información y opiniones, y poder valorar la situación en un plano de mayor confianza, sin perjuicio de lo que comentábamos entre nosotros en los pasillos y durante los largos vuelos que a veces teníamos que emprender. El denominador común de estas reuniones era hablar mal de las autoridades locales. Casi nadie de ese ámbito se escapaba de críticas y señalamientos. En general, existía una gran desconfianza hacia ellos, salvo contadas excepciones. Durante esa junta previa en Culiacán, el general encargado de la zona militar, un hombre mayor que se veía cansado y desesperado, se quejó amargamente de los presidentes municipales y las autoridades del estado. Dijo que los alcaldes no tenían voluntad de arreglar las cosas y estaban dominados por la delincuencia a la que obedecían y protegían. Contó cómo uno de ellos, del norte del estado, había encubierto al jefe de la policía a pesar de que el general lo había señalado como mafioso. Aparentemente, ante la insistencia del militar, lo quitó del mando pero en vez de alejarlo del gobierno lo nombró asesor para que siguiera en el ayuntamiento interviniendo en cuestiones de seguridad. Esta estrategia es utilizada con frecuencia por las autoridades locales cuando se acusa de fechorías a uno de los suyos: en lugar de cesarlo y ponerlo a disposición de una fiscalía para que se le inicie un proceso, nada más lo cambian de lugar. Sucedían cosas similares en todos los municipios. Las policías locales no le entraban a la persecución de la delincuencia por lo que, para él, eran instituciones fallidas. "¡Ahí van los guachos!" Era la frase con la que los policías avisaban a los delincuentes cuando estaban por llegar los soldados. O, ante un caso de emergencia, decían al quejoso: "Háblenles a los soldados porque nosotros no vamos a ir". El general, harto de la situación del estado, decía que ya no se iba a pelear más con los locales, que eso no llevaba a nada. Que se iba a concentrar en cumplir con su deber con los elementos que tenía, y ya.

En la reunión con las autoridades locales, observé a un titular del ejecutivo y a sus colaboradores con actitudes y expresiones facinerosas, prepotentes, echados para adelante o, como dicen en el norte, "afrentosos". No inspiraban la menor confianza. También vi a un conjunto de alcaldes asustados, sumisos, disminuidos, sin saber qué hacer. No supe exactamente qué grado de participación tenían unos y otros con la delincuencia, pero estaban todos asustados. Como era de esperarse, pidieron más fuerzas federales subrayando que las que había no eran suficientes. No mencionaron, desde luego, que ellos no podían o no querían hacer nada con sus propias corporaciones policiales. La realidad era que el ejército no podía hacer más, y menos con la falta de colaboración de ellos. "Nunca nadie me ha dado información. La información que tengo es la que proporciona la población en las denuncias", dijo el general quejándose de la falta de apoyo de los alcaldes y sus jefes policiacos, que ni siquiera eran buenos para pasar información o diseñar alguna estrategia. La presencia de la policía federal en ese estado era muy limitada y sus representantes dijeron que no podían enviar más elementos porque estaban abocados en la Ciudad de México con el asunto del Sindicato Mexicano de Electricistas.

Reuniones como estas sucedían a lo largo del país. Vimos autoridades coludidas o inoperantes tanto en los gobiernos estatales como municipales; asimismo, reconocíamos que las autoridades federales eran insuficientes, tenían diversos grados de capacidad y coordinación, sin olvidar que podrían estar también coludidas. En esa reunión, la Secretaría Estatal de Seguridad expresó con honestidad las causas de su incapacidad de acción: "El hecho de que algunos líderes de los cárteles de las drogas sean de Sinaloa y aquí vivan sus familiares genera muchos problemas". Esta era la realidad que teníamos enfrente: un estado fallido, derrotado e incapaz de enfrentar a los delincuentes por ser una abrumadora mayoría, por tener compradas o amenazadas a las autoridades, o por todo esto al mismo tiempo. Pesaba también el factor determinante que tienen los grupos de la delincuencia organizada en la base social de esos lugares. Hay comunidades, ciudades y hasta estados enteros que en realidad no tienen mucho derecho a quejarse, pues sin disimulo abrigan, protegen y hasta presumen a sus capos. Por ejemplo, en julio de 2015, cuando *el Chapo* Guzmán se "escapó" del penal federal de alta seguridad del Altiplano, en Almoloya de Juárez, al parecer hubo una gran celebración popular en Culiacán. Se cuenta que hubo fiesta y que corrió el vino.

La reunión no llegó a grandes conclusiones ni se alcanzaron compromisos trascendentes. Nos comprometimos a volvernos a reunir, intercambiar información con más frecuencia y a dos o tres cosas menores. "En resumen, nosotros hagamos lo que se puede con lo que se tiene", había dicho al llegar, con sabiduría y conocimiento, el sabio funcionario federal de la oficina de la Presidencia que nos lideraba. Este mismo personaje, al terminar la reunión mixta con el gobernador, su gabinete y los alcaldes, había citado a Max Weber, en una frase que dejaba claro quién era el mayor responsable de esa dramática situación: "Somos lo que somos porque fuimos lo que fuimos", aunque pocos lo entendieron.

Los seres humanos vamos y venimos, y los temas, las instituciones y las circunstancias siguen su camino. Con el tiempo se resuelven, se complican o bien salen a la luz. El 4 de agosto de 2015 el periódico *Reforma* de la Ciudad de México publicó una nota con el siguiente encabezado: "Sobornó narco a gobernador". El texto decía lo siguiente:

"Sin especificar nombres, el Departamento de Justicia [de Estados Unidos] solicitó al juez federal Richard J. Leon admitir evidencia de sobornos a mandos de Sinaloa como parte del proceso contra Beltrán Leyva. Dicha evidencia incluye testimonios de un testigo cooperador sobre los sobornos pagados por el acusado, y a nombre del acusado, a todos los niveles de la policía y personal militar. Específicamente la policía municipal, la policía estatal, el gobernador del estado, la policía federal de autopistas, la oficina del fiscal y su agencia de investigación en Culiacán [...]."

Supuestamente, estos hechos tuvieron lugar entre 2000 y

2008. Con esta acción, el fiscal federal norteamericano pretendía acumular más cargos contra un narcotraficante mexicano extraditado años atrás a Estados Unidos y, por tanto, procesado en ese país. Hasta ese momento sólo había sido acusado de conspiración para distribuir cocaína y metanfetaminas. Ahora se pretendía acusarlo también del delito de soborno a funcionarios. Mexicanos, *of course*.

Al día siguiente, el mismo periódico publicó una nota complementaria que merece destacarse para reconocer la integridad y honestidad de un militar. Su titular rezaba: "Evade general soborno, pero superior lo acepta". El texto decía:

"El gobierno de Estados Unidos dijo a una Corte federal tener un testimonio de que el Cártel de Sinaloa buscó sobornar infructuosamente a un general mexicano en Sinaloa por tres millones de dólares al mes [...]. El acusado ordenó al testigo cooperador ofrecerle a este general tres millones [de dólares] derivados de contribuciones del acusado —Alfredo *el Mochomo* Beltrán Leyva—, de Joaquín *el Chapo* Guzmán Loera e Ismael *el Mayo* Zambada García, cada una por un millón [de dólares]."

La nota explica también cómo este general rechazó la oferta a pesar de recibir amenazas de muerte y mandó decir a los narcos que arrestaría a la siguiente persona que se le acercara a ofrecer un soborno. Estos, cobardes, le enviaron mensajes intimidatorios y arrojaron perros destazados junto a la barda del cuartel donde vivía el militar. El lado oscuro de esta historia es que, como lo dice la propia nota, hay evidencia de que otro general, superior al anterior, sí aceptó el soborno. Aquí existen dos elementos de un mismo escudo, contradictorios y adversarios entre sí. El águila y la serpiente

que, sin cesar, llevan milenios enfrentados entre sí, simbó-
licamente hablando. ¿Qué general fue? ¿Qué gobernador?
¿Qué jefes policiacos y fiscales? Hasta la fecha no conozco
ninguna acusación contra funcionario alguno por parte de
un estado mexicano indiferente y cómplice.

— A q u í no se puede confiar en nadie —dijo un almirante
que venía en el grupo federal el día que fuimos a Morelia.

Después de un vuelo de 35 minutos desde el aeropuerto de
la Ciudad de México llegamos a la capital de Michoacán. Tres
helicópteros Bell 200-L4, propiedad del gobierno del estado,
nos llevaron a la casa de gobierno donde tendríamos una junta con las autoridades locales. La primera buena impresión
se me borró cuando llegamos a la casa del gobernador. Sucia,
desaliñada —cuadros chuecos colgaban de sus paredes y los
jardines estaban mal cuidados—, con tipos con cara de rufia-
nes por todas partes. Los funcionarios del gobierno del estado
con quienes nos entrevistamos eran de baja estofa también;
se notaba que eran mañosos y falsos. Tenían aspecto de todo
menos de altos funcionaros de gobierno de un estado libre y
soberano. Hay gente que basta con verla para saber qué tipo
de persona es. Hay una degradación moral que es perceptible
a primera vista. No era necesario escuchar comentarios como
el de mi amigo, el almirante, para darme cuenta de que no
eran confiables. Con esa clase de autoridades no me extraña
que Michoacán sea y siga siendo un estado fallido.

Las autoridades locales pretendieron demostrar su interés por erradicar la delincuencia insistiendo, entre otros cosas, en que había que hacer pruebas de control de confianza a

más mandos policiacos de su estado. Al escucharlos recordé que en el vuelo de ida se había comentado que la directora del centro estatal de control de confianza no había pasado las pruebas que, antes de su nombramiento, le había practicado el CISEN. Se había mantenido en su puesto por ser parte del harén que el pervertido gobernador tenía a su alrededor. Ese gobernador procedente de la izquierda que al terminar su mandato no pudo explicar dónde fueron a parar nueve mil millones de pesos. Por detalles como el control de confianza y otras cosas más, existía entre nosotros la percepción de que el crimen organizado hacía de las suyas a lo largo y ancho del estado por una inacción intencionada de sus gobernantes.

Meses después de esta visita, un medio hermano del gobernador, acusado de tener vínculos con narcotraficantes, tomaría protesta en el Congreso de la Unión como diputado electo y adquiriría así fuero constitucional. Uno de sus compañeros del PRD lo había metido de contrabando al recinto, escondido en la cajuela de su coche para evitar el cumplimiento de una orden de aprehensión que la PGR había promovido en su contra. La policía federal había organizado con 120 de sus elementos un cerco alrededor de la Cámara de Diputados para detenerlo, operativo que al final no sirvió. El mismo coordinador de la fracción del PRD en el Congreso de la Unión, Alejandro Encinas, lo tuvo escondido después en su oficina hasta que pudo incorporarse formalmente a la Cámara. Este ha sido uno de los hechos más vergonzosos en la historia del Congreso de la Unión. Después de su toma de posesión, se incorporó sin decoro a la Comisión de Seguridad de la Cámara y dijo que iba a promover el análisis de los excesos de las fuerzas de seguridad y se atrevió a criticar al gobierno federal y al presidente Calderón: "[…] este ataque es un instrumento que está utilizando el gobierno federal para atacar a nuestro partido y para ganar el estado de Michoacán. […] Ya basta de afectar a los michoacanos. Parece que no es michoacano ese hombre […]". Con el tiempo, sin embargo, las pruebas en su contra, que incluían grabaciones de conversaciones que el legislador había tenido con uno de los principales capos de Michoacán, se acumularon y fueron bien utilizadas por la fiscalía. En una de ellas se escucha al narco, un asesino desalmado, diciéndole al diputado cuando era candidato: "Compa, primeramente le deseo que gane, cuente con todo el apoyo, usted va a ganar […]. Usted gana, compa, primeramente Dios, usted va a ser, no hay vuelta". Efectivamente, el candidato de los narcos ganó las elecciones, postulado por el PRD; luego pudo tomar posesión de su cargo gracias a las sucias maniobras de otros diputados de ese mismo partido. Terminó desaforado y a la fecha se encuentra prófugo de la justicia. De sus compañeros de bancada que se burlaron del pueblo mexicano y urdieron la trama para que pudiera tomar posesión de su cargo ya jamás se dijo nada.

Las autoridades federales eran las únicas que estaban haciendo algo para combatir el crimen en el estado de Michoacán. Se informó que en los últimos meses el ejército había destruido más de 150 laboratorios de estupefacientes. Esto era una buena noticia. Sin embargo, los delincuentes estaban migrando a otras formas de criminalidad que afectaban de manera directa a la población, como la extorsión, el cobro de piso y el secuestro. Por otro lado, el debilitamiento del principal cártel local abría las puertas para que llegaran o se organizaran otros grupos criminales, como finalmente sucedió.

Los homicidios estaban aumentando, los aguacateros y los productores de zarzamora tenían que pagar grandes sumas a los delincuentes que, integrando un verdadero estado paralelo, cobraban —y creo que a la fecha lo siguen haciendo— sus cuotas para dejarlos en paz. En la costa había asaltos frecuentes a los autobuses y el robo de gasolina se extendió en forma alarmante. La tala de los bosques, un delito en sí mismo, daba lugar a una cadena de homicidios y amenazas derivadas del enfrentamiento de bandas rivales que se atacan y denuncian mutuamente, pretendiendo controlar esa actividad.

Un año y medio antes, en 2009, la PGR arrestó a varias docenas de funcionarios estatales y presidentes municipales, tanto del PRD como del PRI y el PAN, por sus vínculos con el narcotráfico. También fueron detenidos varios jefes de policía locales. A este hecho se le conoció como el *michoacanazo*. A pesar de que la mayoría de los detenidos en verdad estaban involucrados con actividades ilícitas, con el tiempo fueron saliendo libres. Quienes de alguna forma estábamos enterados del asunto, veíamos, con pasmo, cómo jueces y magistrados federales iban dictando autos de libertad a su favor. La PGR dijo que se debió a la corrupción que hay en el poder judicial. Este, por su parte, acusó que la fiscalía integró mal las averiguaciones previas como sucede con frecuencia. Sin embargo, en el *michoacanazo* ha sido evidente una mayor responsabilidad por parte del Poder Judicial. El juez federal del Primer Distrito de Morelia, que tuvo que ver con la liberación de la mayoría de estos delincuentes, fue destituido de su cargo por el Consejo de la Judicatura Federal y sometido, también, a un proceso penal. Este mismo juez, que deberá quedar registrado en los anales nacionales de la ignominia, tiempo atrás había concedido un amparo para proteger al medio hermano del gobernador que se mencionó en este escabroso capítulo. Cuando salieron libres todos estos funcionarios, el sinvergüenza gobernador del PRD declaró que el gobierno federal debía ofrecer una disculpa al estado de Michoacán por haberlo agraviado al acusar sin fundamento a sus funcionarios. Debería ser al revés. Ese gobernador tendría que ofrecer una disculpa a la nación por haber gobernado tan mal y permitir que el estado que estaba a su cargo contribuyera tanto a la falta de paz en el país.

No puedo dejar de mencionar la gran influencia social que la delincuencia organizada tiene en Michoacán, lo mismo que en otros estados de la república. Por aquellas fechas trascendió una reunión que tuvieron los principales líderes del cártel local más poderoso, La Familia, con más de cien empresarios de todo el estado. Los convocaron mediante invitaciones personalizadas, enviadas a sus oficinas o a sus ranchos, con indicaciones precisas de cuándo, dónde y en qué circunstancias presentarse. Se dice que un perredista de alto nivel dio la información necesaria para saber a quién se debía convocar. Se les citó en un punto y de allí fueron trasladados en potentes camionetas con los ojos vendados al lugar del festejo, donde hubo una gran comida y se les sirvió coñac y whisky Buchanan's 18 años. En un momento dado, tomó la palabra el líder de los delincuentes, armado, vestido con uniforme militar con carrilleras y una boina con insignias. Habló a los presentes de valores morales y principios éticos. Mencionó que uno de los valores más importantes era la unidad familiar. Se sabía que este grupo delincuencial basaba sus acciones en una curiosa mística religiosa; los mandos de su cúpula, curiosamente doce, eran conocidos como "los apóstoles" y se conocen reportes de cómo en reuniones secretas regañaban a algunos de sus seguidores por infidelidad conyugal.

El capo siguió hablando y la selecta concurrencia lo escuchaba en silencio, ya fuera por respeto o por miedo. Agregó que tenía 30 mil hombres a su servicio y a todos los presidentes y policías municipales de su estado, y que usaría esa fuerza para protegerlos de los delincuentes —¡como si ellos no lo fueran!— y proteger a toda la ciudadanía del estado. Dijo además que sus únicos enemigos eran los militares. Acto seguido, se dio la participación emotiva y agradecida de los invitados; algunos tomaron la palabra y agradecieron el apoyo y la protección. Casi todos iban preparados con dinero de tal manera que con gran generosidad, que quiso mostrarse como espontánea, entregaron en efectivo cuantiosos donativos a sus protectores o se comprometieron a hacerlo en un corto plazo. Después convivieron y conversaron alegremente con todos los jefes del cártel que allí estaban, como viejos amigos. Cortésmente se saludaban y como marcan las reglas del comportamiento social unos y otros pedían razón de familiares y asuntos de negocios y aspiraciones, tal como lo hace una gran familia. Mientras tanto, Michoacán seguía cayéndose a pedazos, como se sigue cayendo ahora.

— E n J u á r e z no podemos fallar. Es el ícono de la seguridad nacional e internacional —dijo con contundencia y pasión, como acostumbraba decir las cosas, el sabio funcionario federal, viejo lobo de mar en cuestiones de inteligencia, que presidía la reunión ese día.

Tanto en esa reunión como en muchas otras, sostenidas en el Distrito Federal, en la propia Ciudad Juárez y en El Paso, Texas, se dijo lo mismo, se elaboraron planes y se repartieron responsabilidades, se hicieron críticas y cuestionamientos, y se inventaron programas e instituciones para no lograr nada. La cifra de muertos siguió creciendo de manera alarmante y la ciudad fronteriza continuó, sin freno, cayendo en el abismo. No hacía mucho tiempo se había perpetrado en esa ciudad la masacre del fraccionamiento Villas de Salvárcar: sesenta jóvenes, estudiantes de secundaria y bachillerato, que estaban en una fiesta fueron atacados con armas de fuego por un grupo de veinte sicarios, dejando16 muertos y muchos heridos. El país quedó horrorizado.

En la compleja y surrealista problemática de aquella ciudad, en varios momento tuvimos reuniones con representantes de la sociedad civil de ambos lados de la frontera. En voz de dichos representantes, contemplé la más descarnada realidad pero, al mismo tiempo, la mayor sensatez y los análisis más acertados. En una reunión binacional celebrada en el campus de la Universidad de Texas, en enero de 2010, abrió la discusión el embajador norteamericano en México, Carlos Pascual. Hablaba muy bajo y casi no se le escuchaba, pero alcancé a escuchar dos comentarios interesantes. En primer lugar, dijo que México y Estados Unidos tenían que enfrentar el grave problema de esa frontera con espíritu de corresponsabilidad. "Hasta que lo reconocieron", pensé. En segundo, dijo que el consumo de drogas debe tener una solución que provenga tanto de los gobiernos como de la sociedad, además de ver por la educación de los niños, evitar la desintegración de las familias y fortalecer el tejido social. Después de él hablaron varios vecinos de aquella ciudad.

—Me preocupa que en Juárez esté aumentando tanto la actividad criminal. Hasta ahora el crimen no ha cruzado la frontera, pero estamos muy preocupados porque vemos las cosas cada vez peor. No podemos quedarnos de lado americano de la frontera nomás viendo —dijo un académico de la UTEP.

Luego un méxico-norteamericano, vinculado a instituciones de rehabilitación, agregó:

—Me llama la atención que yo sea el único representante de una institución dedicada a la reducción de la demanda de drogas (*demand reduction*). Hay que pensar en esto: la adicción a las drogas es una enfermedad del cerebro. ¿Por qué la gente está en la cárcel y no en los centros de rehabilitación? En El Paso hay de ciento cincuenta mil a doscientos mil adictos esperando su dosis y gastando en ella. Hay de veinte a cuarente millones de adictos en todo Estados Unidos, de los cuales cinco por ciento están en Texas. Calculamos que en Juárez hay cien mil adictos. Se requieren esfuerzos más equitativos para reducir la demanda —concluyó con un dejo de desesperación.

Después de él habló otro en un tono también, muy justificado, de desolación. Era un reportero de la televisión local:

—Debemos estar en condiciones de pánico (*panic mood*). Parte del problema es que la corrupción en México es rampante. Yo sé de gente que ha sido detenida por los soldados en Ciudad Juárez y estos les han pedido dinero. Me llama la atención que todavía no se haya establecido una ley marcial —finalizó.

Los militares mexicanos que estaban presentes se incomodaron. Uno de ellos se atrevió a responder de la siguiente forma:

—Vamos a investigar esta denuncia contra nuestros soldados. Le agradeceré que me pase información. A veces son rumores de la delincuencia organizada para desprestigiar a las autoridades.

Un oficial del ejército norteamericano tomó la palabra y cerró la sesión con comentarios interesantes al tiempo que mostraba una imagen con las cifras de muertos en la ciudad vecina:

—Como ven, la tendencia no va en la dirección correcta. Hay que detener el dinero que va hacia el sur. Esta tendencia no va a detenerse hasta que no detengamos las ganancias de los cárteles. Lo más curioso es que estas ganancias las traen y las invierten de este lado. El Paso es la segunda ciudad de Estados Unidos de más de quinientos mil habitantes con menos homicidios; sólo le gana Honolulu. Así que mientras en el otro lado mueren, acá hay paz y tranquilidad para invertir y hacer negocios —puntualizó.

Mientras tanto, del lado mexicano, de nuestro lado, continuábamos con la obstinación de querer resolverlo todo con reuniones improductivas. Me desesperaba cuando se pretendía evaluar los avances de una situación delicada como la de Ciudad Juárez y en realidad no se hacía otra cosa que comentar el número de reuniones de coordinación ordinarias y extraordinarias que se habían tenido y el número de funcionarios asistentes. De ellas me llegaban hojas y hojas de actas y minutas redactadas con detalle, como si allí residiera la solución. Respecto de Juárez, por aquellas semanas se discutía si la operación entre el ejército y la policía federal había sido conjunta o coordinada, como si eso hubiera significado alguna diferencia. Se decidió que el control lo tomara la Secretaría de Seguridad Federal y que el ejército diera cobertura perimetral a sus operativos, al tiempo que la PGR se encargaría de enviar agentes del ministerio público. Mientras militares y policías federales se daban de golpes por debajo de la mesa, el representante de la fiscalía, un torpe subprocurador, viejo y tosigoso, decía que le faltaban como cincuenta agentes del ministerio público para cubrir esas necesidades y pedía más plazas. Un representante de la policía federal que hablaba como merolico salió con la ocurrencia de que iban a enviar cien motos y que deberían diseñarse "corredores seguros" para cruzar la ciudad. Por otro lado, las autoridades locales, tanto del municipio como del estado, estaban totalmente ajenas a cualquier esfuerzo racional por combatir la delincuencia. En un momento dado, alguien hizo un análisis de la situación de las fuerzas del orden y señaló las siguientes debilidades: desconfianza, resistencia a compartir información, filtraciones a los medios, falta de comunicación y escasez de recursos financieros, humanos, materiales y tecnológicos.

Nunca escuché propuestas encaminadas a la rehabilitación de los adictos ni a la reconstrucción del deteriorado tejido social de Ciudad Juárez. En vez de 5 000 policías federales, yo hubiera construido diez preparatorias en las zonas más bravas de la ciudad y hubiera invertido recursos federales directamente en la creación de empleos. En ocasiones, se criticaba a los norteamericanos porque no se les veía hacer ningún esfuerzo por reducir el altísimo consumo de drogas en su país, ni pretender frenar el flujo de dólares y armas hacia México, pero tampoco noté que por parte de México hubiese una acción diplomática contundente. Recuerdo que, en 2004, el presidente George W. Bush —de vergonzosa memoria— permitió que caducara la Ley de Armas de Asalto que prohibía su venta al público, ley de la época del demócrata Bill Clinton. A partir de entonces, los cárteles mexicanos tuvieron fácil acceso a este tipo de armas y los comerciantes norteamericanos lograron ganancias nunca antes vistas.

Para dar una idea más precisa de cómo estuvo la situación en Ciudad Juárez en aquellos años, presento las siguientes cifras tomadas del Instituto Nacional de Estadística y Geografía (INEGI) —verdaderamente escalofriantes— que muestran los homicidios dolosos cometidos cada año. No se incluye a las personas desparecidas, muchas de las cuales, imagino, están en fosas clandestinas. La reducción de asesinatos que se observa a partir de 2012 se debe, en mi opinión, no al éxito de las acciones gubernamentales, sino a que uno de los dos cárteles en disputa resultó victorioso en el control de la ciudad.

Año	Nacional	Chihuahua	Ciudad Juárez
2006	10 452	648	227
2007	8 867	518	192
2008	14 006	2 604	1 589
2009	19 803	3 680	2 399
2010	25 757	6 421	3 766
2011	27 213	4 487	2 282
2012	25 967	2 776	850

En términos generales, existía una aceptable coordinación y convivencia entre todas las autoridades federales vinculadas en la lucha contra el crimen organizado. La instrucción bajaba desde el gabinete de Seguridad Federal y casi todos obedecían, aunque el grado de eficacia y compromiso variaba dependiendo de cada institución y, en este país de caudillos, de cada personaje. Al hablar de coordinación, me refiero al CISEN, por supuesto, la Procuraduría General de la República (PGR), la Secretaría de la Defensa Nacional (SE-DENA), la Secretaría de Marina (SEMAR), el Consejo Nacional de Seguridad Pública y al inefable Secretariado Ejecutivo del Sistema Nacional de Seguridad Pública. Como era de esperarse, había rivalidades entre las diversas dependencias y muchos de sus miembros. Es el factor humano que nunca falta. Las situaciones cambiaban de un estado a otro dependiendo con frecuencia del tipo de personalidad de los mandos regionales pero, en general, había una armonía mínima y todos íbamos en un sentido. La única institución que transitaba por otro camino, como si los demás no existiéramos, era la Secretaría de Seguridad Federal. Siempre había problemas con ellos, pues no se coordinaban con las otras instituciones o lo hacían mal. Además, no cumplían con los acuerdos que se tomaban, discutían con todos y hacían cosas raras.

En una ocasión, el delegado de Tamaulipas reportó que el comisario de la Policía Federal en ese estado había recibido órdenes del secretario de no asistir a las juntas de coordinación, así que no se contaba con él ni con las fuerzas a su mando para combatir el delito en la entidad. Por su parte, el de Nuevo León me contó que en el aeropuerto de Monterrey sorprendieron, en el control de seguridad, al comisario de esa entidad con un maletín de mano en el que llevaba más de 100 000 dólares en efectivo, pero no pasó nada. Se reportó el hecho, pero alguien dio órdenes de que no pasara nada.

En Ciudad Juárez, en medio de una severa crisis, hubo un enfrentamiento entre los mandos de la SEDENA y los de la Policía Federal por el control de la situación. El hecho trascendió a los medios con el consecuente escándalo y preocupación de la sociedad. En esa misma ciudad, el comisionado general de la policía se entrevistó por su cuenta con los empresarios del lugar para hablarles del programa de seguridad, sin convocar a las demás instituciones federales. Esto lo hacían con frecuencia en todos los estados, generando reclamos de los demás. Llegó un momento en que, para sorpresa e indignación de todos, se nombró jefe de la policía federal a nivel nacional a un individuo con antecedentes penales, pues años antes había asesinado a un taxista. Sólo en los medios de comunicación apareció una crítica que no tuvo consecuencias. En realidad, las demás instituciones no confiábamos en ellos; no me explico por qué el presidente Calderón mantuvo todo su sexenio a esa gente en un lugar estratégico en la lucha contra la delincuencia.

Tiempo después se dieron a conocer las opiniones que el embajador de Estados Unidos, Carlos Pascual, reportaba a su país sobre las instituciones mexicanas y sus rivalidades. A lo largo de 2010, se filtraron documentos secretos de las embajadas de ese país, a través de ese fenómeno mediático conocido como WikiLeaks. En un cable secreto, Pascual notificaba a sus superiores que la rivalidad entre el secretario de Seguridad Pública, Genaro García Luna, y el procurador general de la República, Eduardo Medina Mora, afectó gravemente los esfuerzos de México por generar una adecuada inteligencia en contra de la delincuencia organizada. Se desmantelaba a la PGR, brazo jurídico del gobierno federal; se desprotegía al

CISEN, órgano destinado a labores de inteligencia, y se sobreprotegía a la Secretaría de Seguridad Pública y a su misterioso titular. Textualmente se escribió en un despacho: "Por la mayor parte, sin embargo, el CISEN carece de capacidad para dirigir eficientemente el proceso interagencia, particularmente cuando se trata de gigantes institucionales como la Secretaría de Seguridad Pública, que opaca burocráticamente al CISEN en presupuesto, personal y otros temas de recursos". Tales comentarios le costaron al embajador Pascual el puesto y lo obligaron a renunciar meses después. A esta renuncia contribuyó, sin duda, su relación aparentemente sentimental con la hija de un connotado miembro del PRI.

La desconfianza también venía del exterior. Los norteamericanos, nuestros principales socios en materia de seguridad, no daban el mismo trato a todas las instituciones. Mucha información de inteligencia que se utilizaba para combatir a los diversos cárteles de la delincuencia organizada venía de ellos; por lo menos los indicios, pero la administraban a su conveniencia. En un par de operativos en que se logró capturar o abatir a narcotraficantes importantes, la información de inteligencia para poder hacerlo llegó directamente de las instituciones norteamericanas a la Secretaría de Marina, quien realizó las operaciones y las anunció con éxito. Era obvio que confiaban más en esta secretaría que en las otras dependencias. Mientras tanto, los cuestionamientos se multiplicaban en Los Pinos y la envidia corroía a las demás instituciones.

A pesar de la situación tan incómoda que pasé en Veracruz cuando fui a la reunión de los jefes de estación de los estados del Golfo de México, me enteré de cosas interesantes y aprendí algo nuevo. Si bien emocionalmente me sentía agotado, mi intelecto seguía trabajando y mi curiosidad continuaba tan despierta como siempre. Una de las preocupaciones generales, en ese entonces, era la proximidad de elecciones locales en varios estados. Había que investigar, registrar y reportar el eventual uso de recursos públicos para las campañas, así como la probable influencia del crimen organizado a través de donativos o presiones. En mi opinión, esta era una de las líneas de investigación que, acertadamente, se habían fijado desde la dirección. El delegado de Tamaulipas, por ejemplo, comentó que en todas las corporaciones policiacas de la frontera, sin excepción, estaba infiltrado el narco. Puntualizó que de cara a las próximas elecciones locales se había detectado que los cárteles de la droga entregaban recursos a los candidatos de los tres partidos contendientes. En particular, se refirió a candidatos del PAN en la frontera que tenían notorios vínculos con algún cártel. Añadió que funcionaros estatales, miembros de un gobierno en manos del PRI, estaban destinando recursos y logística para apoyar a los candidatos de este partido. Asimismo, se sabía que gente del ámbito federal haría lo mismo, también con recursos de origen público, para apoyar a candidatos del PAN en ciudades como Tampico y Reynosa, bastiones de ese partido.

En Puebla se tenía información suficiente de que habría una elección de Estado en la que se utilizarían cuantiosos recursos públicos para apoyar a los candidatos oficiales del PRI. En aquellos años, ese estado tenía uno de los peores gobernadores que registra la historia contemporánea de México, un verdadero patán. El compañero de Tlaxcala explicó que ya había detectado que el PAN estaba usando recursos del erario para apoyar a sus candidatos y afirmó, entre otras cosas, que la candidata de Apizaco, cercana a la Presidencia, había tenido una comida con delegados federales que, se supone, operarían a su favor. El representante de Hidalgo ofreció una lista de dieciocho a veinte municipios donde se sospechaba que la delincuencia organizada podría involucrarse en las elecciones. Curiosamente, también dijo que el gobernador de ese estado se estaba asumiendo ya como futuro secretario de Gobernación. Tenía boca de profeta; apenas estábamos en 2010. También se notificó que en algunos municipios de Veracruz los Zetas habían amenazado a varios candidatos del PRI, quienes no tuvieron otra opción que comprometerse con ellos. En ese mismo estado, el delegado del ISSSTE estaba usando programas oficiales para favorecer al candidato del PAN, vinculado a ese instituto, mientras que el PRI repartía despensas y se tenían localizadas las casas donde se almacenaban. En resumen, teníamos una lista sin fin de irregularidades electorales que teníamos que investigar.

Yo me limitaba a escuchar y tomar nota. A esas alturas, se había menguado mi capacidad de asombro, mas no de indignación. Durante mi estancia en el CISEN, pude advertir que a lo largo y ancho del país, en los tres niveles de gobierno, en los tres poderes, en todos los partidos y grupos políticos, lo que predomina es la corrupción. Lo contrario es en verdad una excepción. La falta de cultura de la legalidad y la ausencia de un Estado de derecho donde efectivamente se aplique la ley es terreno propicio para que casi todos lucren con el poder y no pierdan oportunidad de enriquecerse a través de todos los mecanismos imaginables, aprovechando el pedazo de poder que les toca. La creatividad que existe en este país para el peculado es inagotable. No se tiene una idea clara de lo que es el servicio público ni de lo que significa la ética política.

La corrupción de las autoridades es precisamente una de las fuentes del predomino de la delincuencia organizada y la violencia sin control que ha generado. Me di cuenta de que más de la mitad de los gobernadores estaban de alguna manera coludidos, directamente o a través de sus colaboradores, con el narcotráfico, o por lo menos lo toleraban para poder "dormir tranquilos", aplicando una equivocadísima política pública basada en el encubrimiento y la evasión. Lo mismo sucedía con muchos presidentes municipales, regidores y diputados, tanto locales como federales. En el CISEN se tenía todo tipo de información que confirmaba o sugería ese tipo de relaciones y, para decepción mía, no se hacía uso de ella. Una vez pregunté a un alto funcionario por qué no se actuaba. "Es que no tenemos pruebas", me contestó. Sí las había o existían indicios suficientes para saber buscarlas y utilizarlas eficazmente ante la fiscalía y los tribunales, pero no se quiso hacer o se hizo mal. En otra ocasión, le pregunté al jefe de inteligencia de otra dependencia cómo se iban a utilizar las evidencias que se tenían sobre un gobernador que protegía a un cártel del narcotráfico. Recuerdo que caminábamos hacia una reunión por un pasillo de Los Pinos. Sin perder el paso, me tomó del brazo y, mientras ejercía una leve presión, me dijo contundente: "De esas teclas no hay que tocar". No podía dar crédito a sus palabras, a pesar de que ya había percibido el camino en que se dirigía la política en materia de seguridad, en esos tiempos. Mi conclusión es que en esa administración federal predominaron los criterios políticos sobre los crite-

rios de Estado. Se prefirió pensar en las siguientes elecciones, en la asignación de presupuestos, en el equilibrio entre
los partidos, en el bienestar del propio partido y en el poder,
antes que pensar en México. Nos gobernaban políticos, no
hombres de Estado. De hecho, seguimos sin tener hombres
de Estado en el gobierno y en la política. De haber estado en
mis manos, habría metido a la cárcel a por lo menos un gobernador de cada color y a sus colaboradores. Existían, y aún
los hay, elementos suficientes para hacerlo. Con ello se habría
logrado una ejemplaridad que nunca ha habido y se hubiera
disuadido a políticos de todos los partidos de hacer cosas indebidas. Nadie se atrevió ni lo hará en un futuro cercano, y el
país seguirá hundiéndose en el fango.

Independientemente de la falta de una sólida cultura
de la legalidad, hay un factor que no puede dejarse de lado
como coadyuvante del desarrollo de la delincuencia organizada hasta los extremos que hemos visto: el advenimiento de
la democracia. Este se dio a partir de la década de los ochenta
y permitió que finalmente los mexicanos pudiéramos escoger, con mayor o menor pulcritud, a nuestros gobernantes.
Por eso se dio el cambio de partido gobernante en muchos
estados y municipios, y se logró la transición en el gobierno federal en el año 2000, cuando, por primera vez en muchos años, llegó a la presidencia de la república un político
de un partido distinto al PRI y tuvimos un Congreso de la
Unión con diversas mayorías. Asimismo, por primera vez se
respetó el pacto federal y los estados fueron auténticamente
libres y soberanos, así como los municipios pudieron gozar
su autonomía.

Sin duda, fue un cambio positivo. Muchos lo buscamos

desde años atrás mediante diversas formas de activismo político. Lo imprevisible fue que esos estados y municipios ahora libres, en manos de gobernantes ambiciosos y corruptos de todas las corrientes políticas, se iban a convertir en verdaderos feudos de poder ilimitado que generaron deudas impagables. Además, la corrupción interna ha rebasado todos los límites imaginables y, por supuesto, en muchas de esas entidades se ha apoyado descaradamente el tráfico de enervantes y demás ilícitos que derivan del crimen organizado. En épocas anteriores, había un mayor control o por lo menos se procuraba que el partido predominante mantuviera una imagen viable para mantenerse en el poder. No obstante, esa contención se perdió y aquí tenemos los resultados. No afirmo que sea malo tener democracia ni estados autónomos. Tampoco avalo la simulación generalizada que se daba en el antiguo régimen. Simplemente, señalo que estos nuevos privilegios políticos contribuyeron a un deleznable abuso del poder local, difícil de controlar, en casi todas las entidades. Por tanto, tenemos que aprender a usar con madurez y responsabilidad nuestra democracia y nuestras libertades políticas.

Siempre me ha parecido indignante enterarme de todas estas situaciones. De hecho, este sentimiento es una de las principales motivaciones para escribir este libro. Tanto de viva voz como en reuniones formales o en los pasillos, o a través de los informes que leía todos los días en mi computadora, me enteraba de cientos de hechos aislados que no confirmaban sino la gigantesca complicidad oficial de los tres niveles de gobierno y los tres poderes con el crimen organizado y la delincuencia común. Con toda esa información, llego a la conclusión de considerar que la corrupción es la principal causa de la crisis de inseguridad y violencia que vivimos hasta ahora.

Gobernadores como los de Tamaulipas, ladrones y desvergonzados, dedicados a proteger a los cárteles más sanguinarios, acabaron con la paz y la prosperidad del estado; arruinaron la vida de miles de familias, infundiéndoles miedo y dejándolas sin sueños. Provocaron además una emigración masiva de individuos y capitales desde las devastadas ciudades fronterizas hacia Estados Unidos y permitieron, de alguna manera, la masacre de docenas de indocumentados centroamericanos a manos de locos convertidos en criminales. Y allí andan, libres, gozando de sus fortunas, en espacios de poder y protegidos por el PRI, aún después de haber contribuido directa o indirectamente a crear un entorno propicio para el homicidio de su propio candidato a la gubernatura. México no ha hecho nada contra ellos, los tribunales norteamericanos sí. Es una vergüenza que los escasos señalamientos dirigidos contra ellos vengan de Estados Unidos por lavado de dinero, sabiendo además que bancos y desarrollos inmobiliarios texanos son destinatarios de las fortunas expoliadas por estos criminales en México.

Lo que pasaba en Tamaulipas era escalofriante. Recuerdo que un funcionario relató cómo se enteró el gobierno federal de la masacre de indocumentados que hubo en el municipio de San Fernando: "Una señora habló al teléfono de emergencias en Morelia denunciando que había recibido una llamada en la que le decían que su marido estaba secuestrado en Tamaulipas, que le pedían dinero. De hecho, días antes su esposo había tomado un autobús de Morelia a Reynosa. Obviamente, el centro de comunicaciones de la policía de Michoacán (C-4) no hizo nada, pero el delegado del CISEN en ese estado se enteró del hecho y lo hizo del conocimiento de su colega de Tamaulipas, quien cruzó el dato con información que se había recibido del consulado americano de Matamoros y se descubrió todo. Así fue como comenzó la investigación que nos llevó a descubrir la masacre de San Fernando…". Al ser interrogado sobre aquellos hechos, el secretario de seguridad de Tamaulipas se limitó a decir que ya tenían "algunas" noticias de que estas cosas pasaban en San Fernando, ¡y no hicieron nada! Fueron casi 300 muertos, masacrados y enterrados clandestinamente, en lo que fue uno de los episodios más sanguinarios ocurridos en México. En realidad, nunca se conocerá la cifra exacta de muertos. Los sicarios de los Zetas abordaban los autobuses que hacían escala en la estación de esa ciudad o los detenían en plena carretera. El chofer no tenía otra opción que obedecerlos, y como si se tratase de ganado, escogían a los hombres y mujeres que querían secuestrar y los bajaban a la fuerza. Les quitaban sus pertenencias y sus identificaciones, a unos los mataban allí mismo, a otros los tenían amarrados en casas de seguridad para golpearlos cruelmente cuando se les antojaba, sin más motivo que el desahogo de su furia interna. ¡Uno de los homicidas que fue capturado después confesó que llevaba 227 muertos en su haber! A veces los mataban con marros para no disparar y llamar así la atención de las autoridades. A un tipo, el "Cabeza Cortada", le gustaba decapitarlos. Tenían retroexcavadoras de las llamadas "manos de chango", para hacer fosas clandestinas donde los enterraban. Seguramente, todavía hay algunas sin descubrir. Los policías municipales de San Fernando ayudaban a los sicarios pasándoles información sobre la ubicación de los indocumentados y les entregaban personas que ellos mismos habían detenido. Los pocos sobrevivientes que pudieron declarar confirmaron que en ocasiones los mismos policías los llevaban en sus "trocas" y los entregaban a los sicarios, no sin antes golpearlos y quitarles sus pertenencias. La mayoría de las víctimas eran emigrantes pobres, mexicanos o centroamericanos, que se dirigían a la frontera en busca de mejores oportunidades. También quedó registrado el caso de varios de los secuestrados que, presionados, aceptaron trabajar con los criminales y eran reclutados allí mismo, con una prueba de iniciación en la que tenían que golpear o matar a otros cautivos.

El gobernador de Nuevo León, por su parte, había generado mucha esperanza al comenzar su gestión, sin embargo, terminó dividiendo a su estado entre dos cárteles rivales, propiciando así una de las etapas de mayor violencia que se han visto en esa entidad. Murieron cientos de personas y otras muchas desaparecieron. En Coahuila, un estado exprimido por sus corruptos gobernantes, no contentos con saquear sus arcas y dejarlo endeudado por generaciones, permitieron entrar impunemente y concedieron privilegios a uno de los peores cárteles del narcotráfico, protegido desde una ominosa Fiscalía General. Igual que en las otras entidades, por allí andan libres los responsables de este expolio, como si no hubieran hecho nada, víctimas de la propia delincuencia que ellos dejaron entrar y protegieron en lo que parecería ser una curiosa muestra de lo que se conoce como justicia cósmica.

Hasta ahora existen, en Estados Unidos, procesos penales contra cinco gobernadores o ex gobernadores mexicanos postulados por PRI. Tomás Yarrington Ruvalcaba y Eugenio Hernández Flores de Tamaulipas, Humberto Moreira Valdés y Jorge Torres López de Coahuila, y Rodrigo Medina de la Cruz de Nuevo León. A algunos de sus colaboradores también se les ha implicado. Todos ellos han sido gobernadores de estados fallidos donde han muerto miles de personas y en los que la gente desconoce la paz y ha vivido aterrorizada. Los pobladores de regiones y ciudades enteras han tenido que emigrar, como en tiempos de la Revolución. Las acusaciones van desde lavado de dinero y desvío de recursos públicos, hasta fraude fiscal y algo tan grave como recibir sobornos del crimen organizado. Las autoridades norteamericanas han proseguido con diligencia estas investigaciones. Muchas de estas acusaciones se han confirmado y trascendido con lujo de detalles a la prensa internacional. Les han incautado cuentas bancarias, propiedades, aeronaves y negocios. Hay órdenes de aprehensión contra Hernández Flores y Yarrington, los de Tamaulipas. Mientras tanto, en México no se ha hecho absolutamente nada, pues el sistema corrupto que tenemos los ha protegido. Me pregunto si podrán dormir tranquilos con las manos manchadas de sangre, con la desdicha de miles de ciudadanos sobre sus espaldas. ¿Podrán ser felices? ¿Lo serán sus familias? ¿Valdría la pena?

De Jalisco sólo diré que la información a la que tuve acceso en el Centro me ayudó a confirmar lo que vi y percibí sobre la corrupción generalizada y la complicidad de las autoridades locales, cuando estuve allí. ¿De verdad creen que su dios los autorizó para hacer lo que hicieron o para dejar de hacer lo que no hicieron?

10

Penal de alta seguridad

—"AQUÍ LOS GÜEVOS los dejas afuera", fue lo que me dijeron cuando entré aquí —comentó mi entrevistado, cuya mirada dejaba traslucir un odio profundo hacia el sistema que lo había encerrado allí.

Nervioso, yo tomaba notas apretando con fuerza el único lápiz que me permitieron introducir al penal de alta seguridad que visitaba ese día. Mi entrevistado continuó:

—En este pinche lugar te nulifican como ser humano.

Desde el primer día de tu ingreso. Llegas y te encueran todo dizque para revisarte. Te mojan con una manguera con agua fría; a eso le llaman un baño. Te golpean, te dan patadas; el guardia que va pasando te da una patada. Tú nomás sientes sus botas por todos lados. El otro día se les murió uno durante el recibimiento y ni quién dijera nada. Te mientan la madre y te dicen eso de los güevos pa' bajarte las ínfulas. Y mientras medio te explican las reglas de este infeliz lugar te ponen los perros, los dóberman, a ladrarte en las orejas, a cinco centímetros de tu cara. Tú nomás sientes cómo sus babas te salpican. Me han lastimado mucho y afectado por estar aquí, en este penal. Esto me quedó grande, muy grande, hay mucha rigidez.

—Bueno, ¿y no hay forma de denunciar esos abusos? —pregunté dándome cuenta de inmediato de la impertinencia de mi pregunta.

— ¿A quién? ¿Para qué? —me contestó haciendo una mueca de desprecio—. Si denuncias algo te agarran ojeriza y te va peor. Ahora, por ejemplo, estoy castigado. Me castigaron porque me encontraron un alambre de 40 centímetros. ¿Para qué lo tenía? Era la antena de mi tele, una de esas teles chinas en blanco y negro que te dejan tener aquí. Ellos mismos me dieron el pinche alambre.

—¿Y en qué consiste su castigo?

—No te dejan salir al patio —contestó con un gesto de desesperación—. No te dejan recibir visitas, me tengo que bañar con agua fría ¡desde hace dos semanas! A veces se hacen pendejos y no me dan papel de baño. Imagínese, ¡sin papel de baño!

Era la tercera vez que visitaba ese penal federal de alta

seguridad y no me acostumbraba aún ni al lugar ni a la tensión que, inevitablemente, afloraba al entrevistar a uno de los reclusos. Tenía que cruzar catorce aduanas antes de llegar a mi destino, la celda de un recluso. Hacía todo el recorrido en silencio, siempre acompañado de un guardia y seguido por el ojo alerta de innumerables cámaras. De repente, me cruzaba con presos que eran trasladados a otro lugar. Enfundados en sus uniformes color caqui y escoltados por un guardia, caminaban por delante, con la cabeza baja y las manos atrás, tal como lo marcan las reglas. Nunca les pude ver los ojos; solamente la cabeza con el cabello cortado casi a rape. El lugar era lóbrego como he conocido pocos en mi vida, con la luz mortecina de focos ahorradores con rejilla protectora. Nunca podré olvidar ese olor dulzón, como a suciedad revuelta con antiséptico, que invadía todo el ambiente. Es un olor que también he percibido en lugares donde se tiene a gente abandonada como manicomios o asilos.

Tratando de quitar un poco de la tensión que dominaba la escena, cambié de tema y le pregunté qué cosas le autorizaban tener allí.

—Pues mire —me contestó ya más relajado—. Hay una tienda en la que puedes comprar algunas cosas. Dejan que tu familia te mande el equivalente a diez salarios mínimos al mes, que son como $540, y con eso se puede comprar champú Head & Shoulders, pasta dental, enjuague bucal, Miconazol pa' los hongos de las patas, Pepto-Bismol y algunas cosas más. Ahora… —se quedó callado, viéndome.

—¿Ahora? —pregunté con curiosidad. Me contestó después de pensarlo unos momentos, bajando la voz y acercándose a mí a través de la mesa que nos separaba.

—Bueno, si tiene usted lana y contactos afuera, se pueden conseguir rivotriles, Viagra, un buen balón...

—Pero ustedes aquí pueden recibir medicamentos por prescripción médica.

—Puras cosas que no sirven para nada. Imagínese, para la depresión lo único que dan es carbamazepina, que no es para eso.

Tenía ante mí a un hombre de unos 45 años, avejentado y abatido moralmente. Sus respuestas se acompañaban de tics nerviosos. Entre queja y queja se podía entrever un profundo odio a todo lo que lo rodeaba: a sus carceleros, al sistema, a los que lo habían enviado allí. Obviamente siempre se declaró inocente, argumentando que en realidad era un honrado empresario, exitoso en los negocios y dedicado a la agricultura, pero que lo habían "puesto", le habían sembrado armas en su camioneta —dos AK-47 y varias pistolas decía el expediente—. Su único error, insistía, fue coincidir en una fiesta con narcos y permitir que le tomaran fotos con ellos. Sin embargo, había indicios de lo que en realidad era. Contaba que tenía ranchos con caballos de cría y gallos de pelea. Decía que a parientes suyos los habían secuestrado hombres armados y tuvieron que pagar millones de dólares por su rescate. Hablaba de gente armada que lo cuidaba siempre y que, para no sentirse tan solo, compró una casa cerca de la prisión donde tenía a su esposa y a su mamá, y que un servicio de escoltas se encargaba de su protección. En una de tantas, se le ocurrió decir que, a pesar de todo, "me encanta el estilo de vida social de los narcos". Mi entrevistado de ese día era un importante operador de uno de los cárteles del narcotráfico más poderosos de la frontera norte del país. En su expediente aparecía que tenía bajo su mando varias células de una organización dedicada al tráfico de drogas, el secuestro y el robo. También constaba que cuando bajó el tráfico de enervantes por riñas entre cárteles y hubo escasez de recursos, le encargaron organizar otras fuentes de ingresos. Fue así como planeó el secuestro de empresarios y comerciantes de su zona y "levantones" a otros narcotraficantes que les debían dinero. Además, cobraba derecho de piso a giros negros —cantinas, antros, congales— y a quien se dejara. Por supuesto, debía varias docenas de vidas.

CUANDO EL DIRECTOR rechazó aceptar mi renuncia, lo primero que hizo fue desvincularme del área en que había estado trabajando o, mejor dicho, en que había intentado trabajar. Con esa decisión me sentí liberado. Ya no tenía que convivir con la caterva de miserables con los que me había topado ni participar en un proyecto que, tanto por las adversidades externas como por reserva propia, no había comprendido ni asimilado del todo. Me asignó a un área totalmente diferente y me pidió colaborar en un proyecto de investigación científica y análisis relacionado con el estudio de la mente criminal. Aun así, tardé varias semanas en superar mi abatimiento y recorrer en sentido opuesto el camino que me había llevado a la depresión. Quedé con el alma sensible y agotada.

El proyecto tenía muchas aristas interesantes, sobre todo en el ámbito de la lucha contra la delincuencia organizada que se estaba librando en el país. Había que encontrar alguna explicación científica a tantas conductas antisociales. Fue así como se diseñó un protocolo de investigación del entorno social y la personalidad de los miembros de grupos de la delincuencia organizada, procesados y recluidos en penales de alta seguridad. Se buscaría también conocer el *modus operandi* y así, relacionando todos los factores, explicar el complejo fenómeno de la delincuencia y determinar con elementos más objetivos qué políticas públicas debían tomarse. Una de las conclusiones fue, como era de esperarse, que había una alta incidencia de psicopatía —esos individuos sin freno moral— y de trastorno por déficit de atención e hiperactividad.

El estudio se abordaría desde tres disciplinas: la sociología, la psicología y la neuropsicología. Para explicar la conducta delictiva se observarían, en primer lugar, las características individuales del delincuente, es decir, los aspectos biológico y psicológico que dan origen a lo que se conoce como violencia primaria. También se estudiaría el entorno social y la eventual presencia de factores externos reconocidos como estimulantes de la violencia secundaria, como el consumo de alcohol o drogas, la depresión, un medio ambiente adverso, el clima, etc. El conocimiento y análisis de la situación familiar era un factor decisivo; una familia disfuncional y con violencia en su seno es, como dicen los expertos, criminogénica. El equipo estaba conformado por psicólogos, neurofisiólogos e investigadores sociales que utilizarían pruebas psicológicas, estudios de gabinete de neurofisiología y electrofisiología, además de entrevistas con los reclusos condenados por delitos contra la salud o delincuencia organizada. A mí me tocaría parte de la supervisión y algunas entrevistas, por eso durante los siguientes meses visité varios penales federales de alta seguridad y vi cara a cara al diablo.

— A L G O   P A S Ó —continuó diciendo el recluso, elevando su vista al techo—. Algo pasó y estaban cambiando las cosas. Me empecé a dar cuenta de la realidad de las carencias. Antes no me daba cuenta. Nacieron más hermanos y ya no había tanta atención, ni tantos bienes. Había puro quehacer en la casa. No tenía juguetes, ni motos, ni avionetas a control remoto como mis amigos, ni ropa. Vivía en una casa fea, de lámina; me daba pena. No tenía cuartos chidos con tele como mis amigos; ya no los dejaban jugar conmigo. La primera tele que tuvimos, cuando yo tenía catorce años, la conseguí para mis hermanos chiquitos. La conseguí robando. Hice un jale y se las llevé de sorpresa un día. Me imagino que mi mamá lo adivinó, pero no me dijo nada. Ella trabajaba en el comercio ambulante en un tianguis y apenas sacaba para mantenernos. Llegaba a casa siempre muy cansada y de mal humor. Nomás nos regañaba y nos pegaba; hasta que un día le detuve la mano en el aire y no lo volvió a intentar. No tenía papá.

Yo escuchaba y apuntaba. Comprendía que, independientemente de la intención de mi interrogatorio, estaba escuchando una confesión. Era testigo de un desahogo.

—Hice chambitas en una rosticería, una pescadería, pero apenas sacaba para comprarme algo. Le tenía que dar casi todo a mi mamá. A los trece, sí, como a los trece, me empecé a juntar con una pandillita de allí de la colonia. Allí estaba el Chilo, que fue como mi hermano. Fumábamos mota, hacíamos robos. En una pelea con unos güeyes de otra colonia mataron a uno y nos echaron la culpa al Chilo y a mí. A él lo mataron en el reclusorio años después. Esa vez estuvimos en la correccional como dos años. Allí fumábamos mota también y hacíamos chingadera y media. Conocí a otro güey que también había entrado por homicidio. Cuando salimos me regaló coca y una pistola, y de allí pa'l real. Luego nos apañó la tira en un jale fuerte que tuvimos. Como ya éramos mayores ahora sí nos echaron un montón de años. Estábamos en el reclusorio y yo me conseguí pistolas y unas granadas. Nos pudimos escapar dos y mataron a otros dos, pero quedé libre y seguí haciendo chingaderas. Me cuidaba más y por eso duré tantos años sin que me pasara nada. Claro, también tenía que darles mucha lana a los de la procuraduría.

Con una historia tan desgarradora, no dejaba de sentir cierta simpatía y lástima por mi interlocutor, aunque era uno de los peores delincuentes que me tocó entrevistar: asaltante, secuestrador, asesino. Tenía dos fugas de la cárcel y muchas cuentas pendientes con la justicia, incluyendo varios homicidios con saña. Aunque durante la entrevista dejó entrever que por algún tiempo gozó de la protección de policías, incluso algunos de alto nivel —mencionó sus nombres y no lo pude creer—; llegó un momento en que la PGR dio la consigna de capturarlo y recluirlo de por vida. Le dictaron una sentencia de cincuenta y cinco años; tal fue el escándalo que sus delitos provocaron. Sólo cuando se llega a niveles que causan mucho miedo en la sociedad y mucho ruido en los medios de comunicación, los gobiernos reaccionan. Me dijo que cuando lo agarraron llevaba como tres años sin hacer nada malo. "Parece que cuando uno se porta bien, le va mal", me dijo, pero no le creí. A pesar de su historia lastimera era malo. Lo vi en su mirada dura, en la forma desaprensiva en que me contaba sus jales, en el desprecio con que se refería a sus víctimas. Durante las tres veces que lo entrevisté, la única ocasión en que mostró un poco de ternura fue cuando se acordó de una hija a la que no veía hacía muchos años. Pero, eso sí, me contó que la tenía estudiando en colegios caros y finos.

Su fuerte era el robo en todas sus modalidades. Tenía una banda numerosa y cruel. Varios de sus compañeros estaban muertos, en la cárcel o perdidos en las drogas. Todos, incluyéndolo, consumían fuertes cantidades de alcohol, anfetaminas y cocaína. Con el tiempo, siguiendo su falta absoluta de escrúpulo moral, se involucró también en tráfico de drogas y secuestro. Esto fue lo que lo llevó a incurrir en casos escandalosos y provocar su ruina. Me presumió:

—Hice mucha lana. Hasta me asusté de tanta lana que tenía. Una vez asaltamos un negocio. Un empleado nos dio el pitazo de que les iba a llegar efectivo en un camión de seguridad; llegamos y desarmamos a los policías que lo cuidaban y nos llevamos todo. ¡No cabía en el vochito que llevábamos! Por eso nos ganamos el respeto de los jefes. Cada vez nos buscaban para jales más grandes y yo haciéndome rico. Tenía la lana en efectivo y en lingotes de oro. A mi vieja le compraba ropa buena, de marca. Me la llevaba a las tiendas de Texas para que comprara. Yo tenía mis relojes King Midas, Patek Philippe, Lluvia de Estrellas, Bulgari—, dijo con orgullo.

Finalmente, después de tantas años de delinquir y asolar a la sociedad con distintos tipos de ilícitos lo detuvieron y no se salvó de una condena larga. Al igual que todos los demás reclusos negaba su culpabilidad, al menos en lo que se refiere al delito por el que fue detenido. Se quejó de que algunos jefes policiacos a los que les daba mucho dinero para protegerlo lo habían traicionado. También mencionó a un subprocurador con el que tenía tratos y que otro secuestrador lo había echado de cabeza y lo implicó en secuestros en los que no tenía nada que ver. "Me la van a pagar", decía vengativo.

"Ambientes criminógenos" es el tecnicismo que emplean los psicólogos y sociólogos para referirse a los entornos de pobreza y promiscuidad de los que suelen venir los delincuentes. Yo prefiero hablar de falta de justicia social, ausencia de oportunidades, desintegración familiar, paternidad irresponsable y de un Estado y una sociedad que no han sabido cuidar de los suyos.

En una ocasión, entrevisté a un sicario que había sido policía en Tijuana y con el tiempo, por juntarse con "amistades peligrosas" como él mismo decía, se convirtió en miembro del equipo de seguridad y en asesino a sueldo de uno de los cárteles. Cuando lo conocí en la celda de interrogatorios, después de haber leído con cuidado su expediente, me costó trabajo creer que estaba frente a un asesino. Era joven y afable. Un muchacho con cara de ratón, nariz puntiaguda y orejas grandes, que nunca perdía la sonrisa. Aun cuando comentaba con mucha seriedad algunas cosas mantenía la sonrisa, o al menos eso parecía con las dos marquitas que le quedaban en las comisuras de los labios remedando aquella.

—¿Y por qué te hiciste policía, Ricardo?

—Quería tener lana. Quería comprar carros y buena ropa,

tener dinero para el *party*, para ir a fiestas y discos y ver viejas allá en los *tables* de Tijuana— me dijo con su acento norteño.

—¿Cómo lo conseguiste si no acabaste ni la prepa?

—Me ayudó el tío de un amigo que es agente de la judicial allá en Baja California. Primero ayudó a mi compa, que fue el que me contó cómo estaban las cosas. Luego me ayudó a mí. Pasé los exámenes sin broncas y a las tres semanas ya andaba yo de patrullero en las calles, con mi uniforme, mi placa y mi fusca.

—¿Así? ¿Sin ningún entrenamiento?

—Sí me prepararon —contestó contundente—. Me dieron unas clases sobre reglamentos y en el polígono de la policía me enseñaron a disparar.

—¿Pero no te hicieron ningún estudio psicológico? ¿Alguna prueba de confianza?

—¿Prueba de confianza?

—Sí. Incluye una prueba con un detector de mentiras para conocer si estás diciendo la verdad —especifiqué mi pregunta sin esperanza de que me entendiera.

—No, para nada. Nomás me revisó un doctor. A todos nos mandaban a que nos revisaran. ¡Hasta tuve que pagarle la consulta! Pero me acuerdo que no me revisó nada; sólo me hizo unas preguntas, escribió mis respuestas en el expediente y me entregó un papel con su firma y un sello.

No dejaba de sorprenderme la ligereza con que muchos jóvenes son incorporados a las fuerzas policiacas: sin ningún criterio de selección ni una preparación mínima. Estaba ante una elocuente explicación de por qué estamos tan mal en este tema. Seguí preguntando:

—¿Y cómo te fue de policía?

—Muy bien. Al poco tiempo estaba ganando más lana que en cualquiera de mis trabajos anteriores. Ganaba más que cuando trabajé en el otro lado, en un negocio de hamburguesas allá por Los Ángeles. Mis camaradas me explicaron cómo hacerle a eso de la piscacha y ganaba mucha lana. Sobre todo en fin de semana, bajándoles a los batos que andan borrachos y echando desmadre. Haciéndote como el que no ves cuando pasan los que venden droga. Me quedaba mucho dinero, ya descontando lo que le tenía que dar al comandante.

Siempre he pensado que cuando haces algo malo y estás consciente de ello todavía tienes remedio y puedes corregirlo, pero cuando ves como algo normal robar, golpear, matar y corromperte, difícilmente hay vuelta atrás. Este es uno de los grandes males de México, la pérdida colectiva de la conciencia moral. Se dice de los políticos y de las fuerzas de seguridad: "Que robe pero poquito", "que robe pero que haga algo", "es inteligente y por eso se hizo tan rico", "no importa que los policías roben o golpeen, si con eso controlan la delincuencia", "será buen jefe de la policía porque ya le ha hecho a todo". Y allí está el resultado.

—Y si te iba tan bien, ¿cómo fue que te metiste con el cártel? —le pregunté ya entrado en confianza.

—No, si yo no tuve nada que ver con el cártel —me respondió con seriedad, aunque sin perder la mueca de sonrisa.

—Pero por eso estás aquí, por delincuencia organizada. Por ser guardaespaldas de unos narcos. Dice el expediente que lo confesaste.

—Es que les firmé todo lo que quisieron.

—¿Cómo?

—Sí, cuando me levantaron los de la SIEDO me pararon

una chinga y acabé firmándoles todo lo que me pusieron enfrente. Yo andaba muy quitado de la pena comprando unas
cosas allá por La Mesa cuando me apañaron. Primero me
subieron a su vehículo, me taparon los ojos y me estuvieron
paseando por todo Tijuana. Luego me llevaron a una casa
toda destartalada a donde llevan a sus detenidos, una casa de
seguridad, y allí me estuvieron golpeando y preguntando cosas. Me metían la cabeza al excusado; estaba todo puerco. Me
pusieron bolsas de plástico para asfixiarme. ¡Hasta me les des-
mayé! Y tuvo que venir un doctor e inyectarme no sé qué cosa
para reanimarme. Así que les confesé lo que me dijeron. Y eso
que les di lana.

—¿Les diste dinero? —pregunté sorprendido.

—Los putos que me levantaron me dijeron que si les daba
una feria me soltaban. Les di el teléfono de mi papá para que
se lo pidieran. Y ahí tiene a mi familia juntando el dinero,
pidiendo prestado, vendiendo coches y no sé qué más. Tar-
daron como tres días para juntar diez mil dólares y se los
dieron. Pero no sirvió para nada. Ya estaba la consigna de
que me iba a quedar entambado y aquí estoy —ahora sí había
endurecido la mirada y perdido la sonrisa completamente,
incluyendo las marquitas en la comisura de los labios.

—Entonces, eres inocente.

—Soy inocente, se lo juro por esta —hizo con los dedos
de su mano derecha la señal de la cruz y le dio un sonoro
beso.

UNA CONSTANTE en los casos criminales que me
tocó conocer durante mis visitas a los reclusorios de alta se-

guridad fue que todos los reclusos, sin excepción, se sentían inocentes. Negaban haber cometido algún delito o aducían que, habiéndolos cometido, no tuvieron participación en el delito por el que estaban presos. Argumentaban que había sido un error y los confundieron, o que estaban allí por errores de procedimiento, por la mala fe o porque alguien les había puesto el dedo, como se dice en el medio. Todos contaban historias parecidas a la que me contó Ricardo, el policía de Tijuana, que incluían abusos, extorsión y mentiras. Los que tenían dinero, que eran casi todos, continuaban pagando abogados caros para interponer amparos que nunca ganaban o que, si ganaban, no servían para nada, salvo para alimentar una luz de esperanza. Uno de ellos andaba hasta haciendo trámites en la Comisión Interamericana de Derechos Humanos.

Nunca vi una actitud de arrepentimiento por la vida criminal que llevaban. Lo único que se podía percibir a veces era molestia por no haber sido cuidadosos y haberse dejado atrapar. Un capo, el peor de los que conocí —daba miedo tenerlo enfrente—, me dijo que si naciera de nuevo volvería a hacer lo que había hecho, pero "lo haría de mejor forma".

También era recurrente la corrupción de las autoridades. No hubo un solo caso en el cual no se mencionara en mayor o menor grado. Varios de los reclusos me contaron que, desde que estaban en la casa de arraigo de la PGR, tenían que soltar dinero para poder estar en comunicación con sus familias y tener ciertas comodidades, como buenos alimentos, televisión y, eventualmente, mujeres. Uno de los capos del norte detalló que en una de esas casas situadas en la Ciudad de México le habían pedido hasta 150 000 dólares para darle privilegios y protegerlo. Además, gente de la fiscalía le había pedido 25 millones de dólares para ser puesto en libertad. Asimismo, un tipo de Tamaulipas, muy peligroso por cierto, me contó con gran resentimiento cómo había pagado 15 millones de dólares a autoridades de la fiscalía en el momento de su captura para ser liberado, prometiéndoles pagar otro tanto después de su salida, momento que nunca llegó. Ya me imagino si este sujeto llega a salir algún día. La corrupción de funcionarios, por lo que me contaban, era en todos los niveles. Desde subprocuradores y magistrados hasta quien corrompía modestamente en sus lugares de origen; como un narcomenudista de Veracruz que distribuía droga a través de tiendas de celulares y de abarrotes y pagaba protección tanto de policías municipales como de agentes de la policía judicial adscritos a la delegación de la PGR en su estado.

Si bien habría que tomar con reserva estas acusaciones, y más si provienen de delincuentes sentenciados, lo que escuché coincidía con lo que percibí a mi paso por la policía municipal de Guadalajara y, en el ámbito federal, por las áreas de investigación y análisis de los servicios de inteligencia. Sin duda algo de verdad hay en ello.

Todos hablaban de amar a sus mujeres —esposas o concubinas— y a sus hijos, a pesar de que en sus expedientes había escalofriantes narraciones de violencia intrafamiliar. Un día, al salir del reclusorio, en el estacionamiento vi a una mujer con dos niños subirse a una lujosa camioneta blindada. Varios escoltas vigilaban el movimiento. Al llegar esa misma mañana, me había cruzado con ella poco antes de ser revisado en una de tantas aduanas por las que se tiene que pasar, la que detecta explosivos. Era un mujer blanca de rasgos mestizos y el cabello teñido de rubio. Lucía unos apretados *blue jeans* y una entallada blusa que dejaba asomar la base de sus pechos por un indiscreto escote. Se notaba la mano generosa de un cirujano plástico. Los custodios del reclusorio, sin perder su seriedad, movían los ojos del escote a los papeles que ella revisaba y firmaba. Los dos niños, un varón de unos diez años y una niña de siete, jugaban y simulaban pelear entre sí mientras la madre les decía que estuvieran quietos. Por el acento no había duda de que eran del norte. ¿A quién vinieron a ver? ¿Qué explicación daría ella a sus hijos por la reclusión de su padre? ¿Qué conversación tendrían esa mujer y su marido preso? De ser visita conyugal, ¿cómo le hacían? ¿Qué sentían?

También encontré entre los reclusos un apego muy acentuado a la religión, algo explicable en ese grado de desesperación. Todos leían la Biblia y hacían constantes referencias a Dios en sus conversaciones, ora invocándolo, ora poniendo en él sus esperanzas. Recordé que tanto los narcos —cuando estaban libres— como los policías acostumbran usar grandes rosarios colgados del cuello para invocar alguna protección sobrenatural. Había un recluso que era fiel seguidor de una iglesia protestante y narcotraficante a la vez, este me recitaba de memoria versículos completos del Nuevo Testamento para fundamentar muchas de sus visiones y experiencias, tal como el sicario de color que aparece en la película *Pulp Fiction* de Quentin Tarantino.

Escuché historias de mucha crueldad que no he podido olvidar. Como aquel recluso que contó con lujo de detalles —dejándonos pasmados a la psicóloga que me acompañaba y a mí— cómo era el proceso de "pozoleado" con el que se deshacían de los cuerpos de sus rivales: "[…] los riñones y el corazón tienen una bolsa que los protege, y es lo último que se disuelve cuando los *pozolean*. Ahí se ven flotando. Primero se disuelven los músculos y los huesos. Una vez vi al diablo cuando estaban *pozoleando* a uno. Es guapo […]". Hubo otro que contaba que le mandó dar 35 balazos al juez que lo condenó a 35 años de cárcel. Uno más contaba que su mamá lo regañaba porque acostumbraba violar a las mujeres que secuestraba. Otro sicario platicaba muy quitado de la pena cómo había hecho del homicidio su modo de ganarse la vida: "[…] la primera vez me sentí muy mal, me dolía la cabeza, vomité, pero luego ya se me hizo costumbre; mataba al tipo y luego me iba a echar unos tacos, unas copas […]". Simplemente son cosas que no se pueden olvidar. ¿En qué país estamos? ¿En qué mundo vivimos?

Cuando el gobierno tiene éxito en la captura de un narco importante o en el debilitamiento de una banda, no necesariamente se resuelve el problema de la delincuencia organizada. Si estas acciones no se acompañan de medidas radicales de prevención y un ataque frontal a la corrupción de los funcionarios que protegieron a esos delincuentes, no pasa nada, como es frecuente que ocurra en este país. A veces, al no poder concretar ya sus negocios en el tráfico de drogas, los sicarios y jefecillos que quedan libres se dedican a delitos de orden común para obtener el dinero que necesitan. Secuestran gente, cobran derecho de piso a comerciantes y agricultores, extorsionan familias. Estos delitos causan más preocupación social porque a la gente no le preocupa tanto que un narco pase docenas de toneladas de droga por la frontera, sino que la puedan secuestrar, extorsionar o le roben el coche. Esos delitos los viven en carne propia y se sienten a merced de la delincuencia. Es entonces cuando se quejan con más vehemencia ante las autoridades.

Cuando detienen o abaten a los jefes de los cárteles o grupos criminales, los subalternos se independizan y empiezan a cometer fechorías sin orden alguno, sin control, sin medir las consecuencias sociales y resulta peor. Por ejemplo, en Guerrero, un estado en el cual las disputas tradicionalmente se resuelven por mano propia y con sangre de por medio desde hace siglos, al detener a una serie de jefes mayores o intermedios las hordas quedaron libres, sin control, y tienen desde entonces aterrorizada a la población. La delincuencia, sin embargo, se va refinando. Ahora, después de cada proceso electoral, en cuanto se define qué candidato a presidente municipal ganó las elecciones, los narcos se acercan para hacer compromisos, aunque algunos los hacen desde antes a cambio de recursos para las campañas. La mayoría de las veces, los amenazan con matarlos o matar a sus familias. El mecanismo es ceder a los criminales el puesto de jefe de la policía y generar, desde allí, todo tipo de negocios. Es sorprendente el número de alcaldes que aceptan; "plomo o plata" es la divisa, tal como sucede en Jalisco y nadie o casi nadie hace nada. En otras regiones del país la presión de los cárteles exige a los alcaldes porcentajes de su presupuesto de obras públicas o de servicios, de lo contrario, no los dejan trabajar o los matan.

El CISEN registra estos hechos y los reporta, pero no puede hacer nada porque no es un órgano operativo. Su función es proporcionar información calificada, a través de la Secretaría de Gobernación, a las autoridades de seguridad que tienen la competencia de actuar. No obstante, he conocido delegados estatales cuyas acciones frisan lo heroico, pues motivados por su compromiso con la seguridad de México, y muy probablemente desesperados por tanta inacción de autoridades locales y federales, las convocan y obligan a actuar contra el crimen organizado. Sin embargo, no es lo más conveniente. Cada dependencia debe cumplir con sus obligaciones; los agentes de inteligencia no tienen que hacerla de policías, aunque estos fallen. De la misma forma, la función del ejército no es la seguridad pública, y en la medida en que se superan situaciones de emergencia, debe regresar a sus cuarteles. Idealmente, cada institución debe limitar sus actividades de acuerdo con su naturaleza y su misión.

Muchas veces, los gobiernos presumen de haber tenido éxito en su lucha contra el crimen y afirman haber pacificado una ciudad o una región. Así sucedió en Ciudad Juárez y Tijuana, entre otros lugares. Sin embargo, mi impresión —fortalecida por la intuición y cosas que se escuchan al paso— es que dichas acciones oficiales y la pacificación de esos lugares se debe más al triunfo de uno de los cárteles en disputa y la aniquilación del contrario. Generalmente, cuando hay mucha violencia en una ciudad es porque se la están disputando dos bandas distintas, por eso hay ejecuciones masivas, aparecen muertos todos los días y se descubren cadáveres con mensajes colgados de sus cuellos o se publican amenazas y bravuconadas en redes sociales. Esto no quiere decir necesariamente que el Estado tome o haya tomado partido por alguno de los grupos. Aunque podría suceder. La única referencia que tengo al respecto, ajena a mi trabajo en el CISEN, la vi publicada en la prensa y viene de una filtración de WikiLeaks. Se trata de un despacho clasificado que el consulado de Estados Unidos en Ciudad Juárez envió a Washington en enero de 2009 y que, al evaluar la Operación Conjunta Chihuahua implementada por la Policía Federal y el ejército, dice lo siguiente: "La visión es ampliamente difundida de que el ejército está cómodo en dejar que los cárteles de Sinaloa y Juárez disminuyan sus fuerzas mutuamente a medida que luchan por el control de la 'plaza' ". Con un corolario de que al ejército le gustaría ver ganar al cártel de Sinaloa.

11

Segunda época. Liberación. Regreso a Los Pinos

—UNO DE LOS DÍAS más felices de mi vida va a ser cuando deje el CISEN —le contesté a Tere sin pensarlo demasiado una noche en que platicábamos y me preguntó por mi felicidad. Estábamos en la casa que rentamos en San Nicolás Totolapan, cerca de las oficinas del Centro, tomándonos una copa y platicando.

—Pues hazlo —me contestó. Esa frase que yo había pronunciado, desde el fondo de un alma insatisfecha y un intelecto abrumado, provocó mi decisión de renunciar a mi empleo y regresar a mi casa en Zapopan.

Meses antes, el director me dio instrucciones de dejar el protocolo de investigación sobre la mente criminal e incorporarme de nuevo a mis labores de coordinación, conviviendo otra vez con mis antiguos verdugos. Sin embargo, ahora dependía mucho menos de ellos y yo había acumulado más aplomo con el paso del tiempo. Las cosas seguían igual en ese entorno. Los temas continuaban dando vueltas en espiral sin resolverse y la gente seguía muriendo a lo largo y ancho del país. Este funesto índice era, después de tanto tiempo, la única forma de medir la actividad del crimen organizado en el país, para luego informar al Presidente cómo iban las cosas. Había ciudades y zonas de la república totalmente devastadas por la delincuencia organizada. En lo laboral, mi jefe inmediato seguía sin hacerme mucho caso, ni yo a él. Me hablaba con monosílabos y acordando a mis espaldas con quien se suponía sería subordinado mío, pero ya no me importaba tanto. Veía las cosas con displicencia, pues me daba cuenta de que era parte de la endeble naturaleza humana, además, sentía desprecio por gente tan inútil y mediocre. Fue así como comenzó a gestarse mi partida.

EL REPRESENTANTE de la empresa ferroviaria continuó hablando. Era culto y educado, por lo que expresaba con mucha corrección sus preocupaciones:

—Nosotros pedimos formalmente que la PGR no cite a nuestros empleados a declarar en la ciudad de Zacatecas.

—¿Por qué eso? —preguntó incómodo el representante de la procuraduría.

—Es que tienen miedo. Saben que si los de esa banda se enteran de que declararon en su contra van a hacerles algo a ellos y a sus familias. Puede haber algún agente indiscreto. Por eso, mejor cítenlos aquí en México. La empresa les paga los gastos, pero cítenlos aquí en México y no en la delegación de Zacatecas.

Uno de los presentes se atrevió a sugerir que los interrogaran en la Procuraduría del Estado en la que habrían de integrar el expediente para luego enviárselo a la PGR. Todos nos opusimos de inmediato, como si nos hubiéramos puesto de acuerdo. Si no confiábamos en los federales asignados a Zacatecas, mucho menos en los locales.

Era mediados de 2011 y habíamos tenido varias reuniones con elementos de dependencias federales y representantes de empresas afectadas, debido a la alarmante incidencia de robos de mercancía transportada en ferrocarriles por todo el país. Me enteré entonces de que miles de carros de ferrocarril son robados en muchos rincones del país y de los millones de pesos que se pierden por estos saqueos. Una empresa, por ejemplo, había reportado 5 000 carros robados en lo que iba del año. También supe que hay comunidades enteras que viven de esto. Su forma de operar consiste en que cuando el tren pasa por estos lugares docenas de hombres y mujeres lo abordan y roban todo lo que pueden. Violan los sellos de seguridad y arrojan a los lados de la vía todo tipo de mercancía que es recogida y almacenada por sus cómplices: cereales, cemento, refrigeradores, jugos, ropa, pantallas de plasma y un sinfín de artículos más desaparecen a la vista de todos, muchas veces con el respaldo de las autoridades locales. Por tanto, una de las medidas que en ese entonces se estaban estudiando para impedir estos robos, era autorizar, a través de una norma técnica, el aumento de velocidad de los trenes cuando pasan por un poblado. De esta forma, se impediría el abordaje por parte de las hordas de ladrones. Los estados más afectados eran Guanajuato, Jalisco, Nuevo León, Tamaulipas y Zacatecas.

Esta modalidad de delincuencia organizada de sólida base social era más sofisticada en Zacatecas, de ahí el contenido de la junta que he descrito. En un poblado del norte del estado robaban los trenes que pasaban hasta tres veces por semana, tan sólo de diesel sustraían el equivalente a ocho millones de pesos al mes. El colmo fue cuando se robaron veintidós camionetas de lujo que estaban siendo transportadas desde sus armadoras por el ferrocarril. Fue tal el escándalo que hubo un intento de respuesta por parte del gobierno federal, presionado por las quejas y denuncias de las empresas ferrocarrileras.

El problema era grave porque se identificó que los líderes de la banda de ladrones eran el propio presidente municipal —del PAN, por cierto— y sus familiares, con la debida protección y complicidad del jefe de la policía local. Las autoridades de Zacatecas no se atrevían a hacer nada alegando falta de competencia, escasez de elementos y un montón de pretextos más. Llamaba la atención la omisión de la Procuraduría General de la República y la indiferencia de la Policía Federal y del ejército. "No nos toca", decían, los robos seguían multiplicándose y mi paciencia agotándose. Un día, ante la desesperación del representante de la empresa ferroviaria que no veía respuesta alguna, yo también me desesperé y me atreví a sugerirle que denunciara los hechos a los me-

dios de comunicación. "Sólo así responden las autoridades",
le comenté al oído igual de molesto que él.

En Guanajuato, los robos se perpetraban en el corredor
que está entre Apaseo e Irapuato. En la zona metropolitana
de Monterrey era escandaloso el robo de chatarra, mientras que en Jalisco ya había registro de que a diario docenas de personas asaltaban los trenes que pasaban entre los
municipios de El Santo e Ixtlahuacán de los Membrillos.
Al parecer, las autoridades locales también estaban coludidas. Tiempo después de dejar la institución, no se había
propuesto ninguna solución. Lo más dramático de esta situación era la cruda realidad de ver a comunidades enteras,
con sus hombres, mujeres y niños, dedicándose, como si
nada, a robar.

EL DESENCANTO ACUMULADO durante tan-
tos meses acabó haciendo de las suyas, por eso di aquella
respuesta tan contundente a mi esposa sobre mi permanencia en el CISEN. Las reuniones de seguridad se volvieron
rutinarias pero, sobre todo, no servían para mucho. Los
grandes jefes de todas las secretarías discutían si se usaba
papel reciclado o no en las sesiones mientras los mexicanos
morían por cientos; escuchaban sin asombro reportes de enfrentamientos en el norte entre el ejército y sicarios en los
que habían muerto todos los delincuentes y sólo un soldado
había recibido un rozón en una pierna; inventaban nuevos
programas, proyectos, grupos de trabajo e instituciones de
largos nombres e indescifrables acrónimos en vez de hacer
trabajar bien a las que ya se tenían. Los de la PGR se que-

jaban de que no tenían personal cuando el propio gobierno había desmantelado esa institución. Asimismo, la gente de la Secretaría de Seguridad se lamentaba de que los mandaban a todos lados a apagar fuegos, olvidando que habían sido favorecidos desmedidamente durante este sexenio, mientras que todas las demás dependencias comentaban sobre la desconfianza que les teníamos. Todo el mundo criticaba a gobernadores y procuradores locales, pero nadie se atrevía a hacer algo concreto; sólo se limitaban a tomarse fotos con ellos e intercambiar significativos abrazos en ceremonias. Toleraban, además, cosas intolerables, realizaban acciones cuestionables o caían en omisiones que sigo sin entender, en tanto que el "muertómetro" iba hacia arriba, sin que nadie se alarmara demasiado.

En lo personal, había una especie de tregua con mis rivales. Ya no me molestaban pero no me hacían caso. Quien se suponía que era mi subalterno acordaba directamente con ellos sin tomarme en cuenta y mi supuesto jefe continuaba sin mostrar la más pequeña intención de construir una relación profesional. No obstante, seguían convocándome a interminables y aburridísimas reuniones en las cuales se pensaba que los problemas se arreglarían con juntas y reuniones llenas de circunloquios. Si mi presencia en esa institución hubiese contribuido en algo a mejorar la situación del país por supuesto que me habría quedado. Pero no, no era de ninguna trascendencia. Me remordía la conciencia cobrar un sueldo sin devengarlo. Además, no valía la pena permanecer en la Ciudad de México sintiéndome sin hacer nada de provecho por México, mientras mi familia estaba en Zapopan. Así fue como dejé el CISEN, con la grata sensación de liberarme de un peso y una gran emoción. Mi último día de trabajo fue el 29 de julio de 2011, un viernes luminoso.

Conclusiones

El origen de la inseguridad y la violencia en México es una falta generalizada de cultura de la legalidad. Desde hace siglos, está en la naturaleza de los mexicanos incumplir las leyes. Los mexicanos no cumplen con las normas espontáneamente, ni respetan los derechos de los demás; siempre que les conviene los transgreden. Dicho de otra forma, los mexicanos promedio son tramposos, faltan a la verdad, tienen tendencia a tomar lo que no es suyo y, con una facilidad alarmante, pueden recurrir a la violencia. Por tanto, debemos modificar el modelo educativo y la ejemplaridad, tanto en las familias como en las escuelas, para revertir esta perniciosa tendencia.

Asimismo, como buenos latinos los mexicanos tienden a ser egoístas e individualistas. Primero piensan en sí mismos, luego en sus familias, después en su grupo y al final, si acaso, muestran algún interés por la colectividad, cuando debería ser al revés. Debería enseñárseles que los bienes colectivos redundan necesariamente —y con generosidad— en el bien individual. Véase como contraste el elevado nivel de cultura de la legalidad que tienen las sociedades con un alto sentido colectivista.

Como consecuencia de lo anterior, no vivimos un Estado de derecho. Las normas vigentes se cumplen a medias y son aplicadas de manera débil por un Estado complaciente en la medida en que resultan suficientes para la sobrevivencia de los gobiernos y para una mediocre convivencia. La corrupción es, por tanto, un problema de todo México, no atribuible a ningún partido político —aunque hay unos con mayor vocación por ella—, grupo social o región geográfica. Los políticos, los jueces, los policías y los fiscales vienen de una misma sociedad maltrecha y viciada. Hay que arreglar entonces a la sociedad en su conjunto.

Por otro lado, considero un error del presidente Calderón haber declarado la guerra contra el crimen organizado. Hizo bien al actuar contundentemente contra la delincuencia, pero no había necesidad de hacer un anuncio que pusiera en alerta y provocara a las organizaciones criminales. Tampoco fue conveniente mantener el tema como la principal motivación de su gobierno. Esa lucha fallida ha quedado registrada de esa manera en la historia.

En general, se han tomado decisiones políticas y no de Estado. Percibo que se omitió actuar contra autoridades involucradas con la delincuencia organizada a fin de no romper equilibrios políticos, lo que parece más un deseo de no provocar problemas para poder conservar el poder que una verdadera vocación por resolver de fondo la situación, por eso sigue vigente esta situación de inseguridad. Esta afirmación muestra también la terrible realidad de que en México carecemos de verdaderos hombres de Estado.

Tampoco se perciben medidas efectivas de prevención del delito. Algunas acciones anunciadas, como la construcción de canchas deportivas, fueron más cosméticas que efectivas. Si en Ciudad Juárez, por ejemplo, hubieran abierto diez preparatorias en vez de mandar a miles de policías y soldados otro habría sido el resultado.

No voy a caer en la vulgaridad —como el presidente Peña

Nieto— de decir que la corrupción es una cultura. De ser así no tendría remedio. Sin embargo, me atrevo a decir que es un sistema que, basado en una crónica y endémica injusticia social, lleva a la gente a buscar satisfacer sus necesidades a través de cualquier vía, la más cómoda habitualmente, la del atajo, sin importar si es ilícita moral o jurídicamente.

Por último, con base en mi experiencia en el gobierno federal, me parece que las mejores instituciones que existen en México en materia de seguridad son el CISEN y la Secretaría de Marina. Les sigue el ejército, que por lo grande y complejo que es, además de la gran rotación de personal debida a la deserción, resulta difícil de controlar. Además, hacer labores policiales ha repercutido mucho en su prestigio, pues no va con su naturaleza.

Sin embargo, no todo parece perdido. Debemos ser optimistas y luchar por que haya tiempos mejores para todos. Recientemente, Mario Vargas Llosa escribió en un artículo, "Lecciones de Tolstói", sobre la monumental novela de este autor ruso *La guerra y la paz*. Tomo de este texto, a guisa de comentario final, el siguiente párrafo: "[…] pese a todo lo malo que hay en la vida, y a la abundancia de canallas y gentes viles que se salen con la suya, hechas las sumas y las restas, los buenos son más numerosos que los malvados, las ocasiones de goce y de serenidad mayores que las de amargura y odio y que, aunque no siempre sea evidente, la humanidad va dejando atrás, poco a poco, lo peor que de ella arrastra. Es decir, de una manera a menudo invisible, va mejorando y redimiéndose".